Altenholzer Schriften

Herausgegeben von
Horst Döding
Hans-Gunther Hübbe
Günther Schnorrenberg
Andreas Simon
Göttrik Wewer

Band 1

Hans Duggen
Göttrik Wewer (Hrsg.)

Europa: Eine Frage des Geldes?

Leske + Budrich, Opladen 1998

ISBN 978-3-8100-2024-6 ISBN 978-3-322-93286-0 (eBook)
DOI 10.1007/978-3-322-93286-0

Inhalt

Vorwort

Beim Projekt „Europa“ geht es nicht nur um Geld und harte Währung – so wichtig beides ist. Das wird in der gegenwärtigen Debatte gelegentlich vergessen. Die Versöhnung der Völker nach dem Zweiten Weltkrieg und der europäische Integrationsprozeß haben dazu beigetragen, daß wir nunmehr seit etlichen Jahrzehnten in Frieden, Sicherheit und materiellem Wohlstand leben. Das ist, wie wir täglich den Nachrichten entnehmen können, keineswegs selbstverständlich. Freies Reisen und das Kennenlernen anderer Kulturen haben unseren Horizont erweitert. Manches von dem, was wir heute in Europa als normal empfinden, haben sich unsere Mütter und Väter kaum vorstellen können.

Die Beiträge dieses Bandes greifen die aktuelle Diskussion um die Europäische Währungsunion, den Euro und „Maastricht II“ auf und weisen zugleich darüber hinaus. Sie gehen zurück auf – teilweise überarbeitete und aktualisierte – Vorträge, die im Rahmen eines Europatages der Verwaltungsfachhochschule Altenholz am 6. Mai 1997 gehalten wurden. Diese Veranstaltung diente – wie es dem Selbstverständnis der Hochschule entspricht – dem Dialog zwischen Wissenschaft und Praktikern aus Verwaltungen, Unternehmen und Verbänden. Davon profitieren beide Seiten und, so bleibt zu hoffen, auch die Leserinnen und Leser dieses Bandes.

Die Beiträge machen zweierlei deutlich: Zum einen wird die einheitliche europäische Währung – so oder so – kommen, ein Zurück gibt es nicht mehr. Die Umstellung auf den Euro kann aber nur reibungslos verlaufen, wenn zuvor in Verwaltungen, Unternehmen und Haushalten erhebliche Vorleistungen erbracht worden sind. Die Vorbereitungen dazu laufen, ohne daß das schon allen bewußt ist, an vielen Stellen bereits auf vollen Touren. Wer hier zu spät kommt, den bestraft das Leben.

Zum anderen unterstreichen die Beiträge, daß Europa nicht nur eine Frage des Geldes, sondern ein weitaus vielschichtigeres Projekt ist. Kann die Währungsunion gelingen, ohne daß parallel Reformen im politischen Entscheidungsprozeß der Union erfolgen? Wird die Europäische Zentralbank eine ähnlich unabhängige Geldpolitik betreiben können wie die Deutsche Bundesbank? Drohen Rückschläge für die Integration insgesamt, solange – insbesondere in Deutschland – Befürchtungen vor Inflation und einem „weichen“ Euro bestehen? Ist es klug, den europäischen Gedanken in dieser Weise so stark auf die gemeinsame Währung zu reduzieren?

Im Zusammenleben von Deutschen und Dänen und mit der Initiative zu stärkerer Kooperation im Ostseeraum hat Schleswig-Holstein eigene Akzente in das Projekt „Europa" eingebracht. Daß kürzlich das Europäische Zentrum für Minderheitenfragen in Flensburg angesiedelt wurde, kann als Lohn dieses Wirkens betrachtet werden. Die Beiträge dieses Bandes verstehen sich in diesem Geiste.

Die Herausgeber

Göttrik Wewer

Europa: Eine Frage des Geldes?

I. Von Euphorie zu Ernüchterung

Am 6. August 1950 durchbrachen 300 Studenten aus allen Teilen Europas die deutsch-französische Grenze bei St. Germanshof-Weiler im Zaberner Bergland. Sie verbrannten die Grenzpfähle und forderten die sofortige Bildung eines europäischen Parlaments und einer europäischen Regierung.

Dieses (von Conrad [1997] überlieferte) Ereignis steht nicht nicht in den Geschichtsbüchern, aber es symbolisiert auf eindrucksvolle Weise eine politische Grundwelle, die damals viele Menschen des vom Zweiten Weltkrieg erschütterten Kontinents erfaßte. Für sie wurde die Einheit Europas zu einem Zauberwort, mit dem die düsteren Erfahrungen der Vergangenheit ausgelöscht und neue Gefahren gebannt werden sollten. Eine wahre Springflut von europäischen Initiativen breitete sich aus, die zur Gründung des Europarates 1949, zur Bildung der Montanunion 1952 und schließlich zur Schaffung der Europäischen Wirtschaftsgemeinschaft 1957 führten.

Diese Bewegung verlief von unten nach oben. Die Regierungen brauchten dafür nicht zu werben, sondern sahen sich dem Druck einer vorwärts drängenden Jugend ausgesetzt.

Heute, fast ein halbes Jahrhundert später, hat sich die Szenerie grundlegend verändert. Aus der EWG ist zuerst die EG und dann die Europäische Union geworden, eine gemeinsame Euro-Währung steht vor der Tür, und die vom Kommunismus befreiten Osteuropäer drängen mit Macht in die Gemeinschaft.

Die Stimmung der EU-Bürger jedoch – nicht zuletzt der deutschen – steht dazu in krassem Widerspruch: Die einstige Europabegeisterung hat sich in einer Mischung aus Indifferenz, Skepsis und unverhohlener Ablehnung aufgelöst. Mißtrauen, Unzufriedenheit und Ängste wuchern, wo früher Vertrauen und Optimismus dominierten. Europa ist unpopulär geworden – jedenfalls innerhalb vieler Mitgliedstaaten.

Für diesen Stimmungswechsel gibt es viele Gründe. Mit dem Wegfall des Ost-West-Konflikts ist ein wichtiges Motiv für die europäische Integration entschwunden. Negative Aspekte der Gemeinschaftspolitik werden inzwischen erheblich kritischer beurteilt als früher. Manche schwer nachvollziehbaren Überregulierungen der Brüsseler Bürokratie, mangelnde Transparenz der komplizierten Prozeduren des Ministerrates und der EU-Kommission, offenkundige Verschwendung von Zeit und Energie durch obskure Verfahrensfragen und Mißstände wie beim BSE-Skandal wecken Unverständnis, Ärger und Wut. Wer weiß denn schon, wie die Gemeinschaft wirklich funktioniert? Unkenntnis aber schürt Mißtrauen und Ängste.

Für die jüngere Generation sind die Errungenschaften der europäischen Integration – Frieden, Sicherheit und Wohlstand, Reisen in alle Welt – etwas Selbstverständliches, aber anders als früher versteht sich Europapolitik heute nicht mehr von selbst. Die Debatte um die Wirtschafts- und Währungsunion und den Euro übertönt, daß es beim „Projekt Europa" um mehr geht als um Geld und harte Währung – so wichtig beides ist. Ohne eine Überwindung des Demokratiedefizits (Kielmansegg 1996; Scharpf 1997; Arbeitsgruppe 1990) und einen verfassungsähnlichen Grundvertrag (Weidenfeld 1996; Wildenmann 1992), ohne eine Europäische Sozialunion (Ringler 1997; Schmähl/Rische 1997; Wellner/Schmich 1988) kann die anvisierte Wirtschafts- und Währungsunion auf Dauer nicht Bestand haben. Nur wenn in diesen Fragen Fortschritte erzielt werden, ist zu erwarten, daß das versprochene „Europa der Bürger" von diesen auch als solches akzeptiert wird.

Schleswig-Holstein hat in das Projekt „Europa" eigene Akzente eingebracht. Die Minderheitenpolitik diesseits und jenseits der deutsch-dänischen Grenze gilt als vorbildlich – auch wenn eine grenzüberschreitende Euro-Region zuweilen noch auf Ressentiments und Schwierigkeiten stößt. Daß das Europäische Zentrum für Minderheitenfragen kürzlich in Flensburg angesiedelt wurde, dürfte auch mit der beispielhaften deutsch-dänischen Zusammenarbeit zusammenhängen.

Ein weiterer Akzent, der mit Schleswig-Holstein verbunden bleiben wird, ist die Intensivierung der Ostseekooperation. Mit Ars Baltica und Jazz Baltica, mit zahlreichen anderen kulturellen Initiativen, politischen Kontakten und wirtschaftlichen Kooperationen ist im letzten Jahrzehnt rund um die Ostsee ein dichtes Netzwerk entstanden – man könnte auch sagen: Ein starkes Stück Europa! Daß es inzwischen einen gemeinsamen Ostseerat der Anrainerstaaten und Förderprogramme der Europäischen Union zur Intensivierung dieser Zusammenarbeit gibt, ist nicht zuletzt dem beharrlichen Drängen Schleswig-Holsteins zu verdanken (siehe Jann 1993 m.w. Nachw., außerdem Lundqvist/Persson 1993). Die folgenden Beiträge sind in diesem Kontext zu sehen.

II. „Weicher" Euro statt „harter" D-Mark?

Allen Umfragen zufolge ist die Mehrheit der Deutschen von den Vorzügen der in Maastricht beschlossenen Euro-Währung keineswegs überzeugt; noch dazu, wenn damit zusätzliche Einsparungen verbunden sein sollten. Die harte

D-Mark ist für viele die größte Errungenschaft seit dem Zweiten Weltkrieg. „Vor der Währung" und „nach der Währung" ist für die ältere Generation eine historische Zäsur, die deutlich im Gedächtnis haften geblieben ist.

Die deutsche Debatte um die Einhaltung der Stabilitätskriterien wird in anderen Ländern nicht immer verstanden (siehe auch den Beitrag von *Francis Woehrling* in diesem Band). Innenpolitische Frontlinien überlagern hierzulande unterschwellige Befürchtungen, die neue Währung führe zu einer „Inflationsgemeinschaft" und gefährde Ersparnisse und die Altersvorsorge.

Die Bundesregierung hat sich dabei ohne Not in eine Sackgasse manövriert. Statt die Diskussion offensiv zu führen und durch Offenheit die erheblichen Bedenken in der Bevölkerung auszuräumen, hat sie eine kritische Debatte eher unterdrückt. Somit entstand zwangsläufig der Eindruck, der Öffentlichkeit sollten unangenehme Wahrheiten vorenthalten werden. Der Versuch des Finanzministers, die Goldreserven der Bundesbank höher zu bewerten und durch die Buchgewinne Haushaltslöcher zu stopfen, hat die Zweifel daran verstärkt, wie ernst der Stabilitätspakt genommen wird, der alle Euro-Anwärter zu einer soliden Finanzpolitik verpflichtet.

Die Befürworter der Währungsunion steckten in einem Dilemma, seitdem offenkundig wurde, daß kaum ein Land alle Bedingungen, die für eine EWU-Teilnahme qualifizieren, erfüllen würde. Entgegen dem Wortlaut des Maastricht-Vertrages, der mitnichten eine punktgenaue Erfüllung der Kriterien verlangt (siehe hierzu die Beiträge von *Klaus-Werner Schatz* und *Jürgen Pratje*), haben sich Bundeskanzler und Finanzminister wiederholt auf eine starre Einhaltung festgelegt. Hans-Jürgen Krupp, der Präsident der Landeszentralbank von Hamburg, Mecklenburg-Vorpommern und Schleswig-Holstein, bedauerte hingegen ausdrücklich, daß „die deutsche Finanzpolitik nicht die Flexibilität des Maastricht-Vertrages in Anspruch nimmt" (zitiert nach Neubauer 1997).

Die starre Festlegung rächte sich. Die Bonner Gedankenspiele über eine „kreative Buchführung", um eine vordergründige Einhaltung der Kriterien zu erzwingen, verstärkten nicht nur Befürchtungen im eigenen Lande, die neue Währung werde nicht so „hart" wie die gewohnte D-Mark, sondern kratzten auch im Ausland an der Vorbildfunktion, die die Deutschen gerne für sich in Anspruch genommen haben. Viele Länder haben zwar beachtliche Konsolidierungsschritte gemacht, werden aber alle Kriterien nicht punktgenau erfüllen können. Weicht man jedoch von wiederholten Festlegungen ab, dann bleibt das Risiko, daß auch Länder in die Währungsunion aufgenommen werden, die keinesfalls reif für den Euro sind. Nicht ökonomisch, aber politisch war es für die Bundesregierung freilich unmöglich, von den eigenen Zielvorgaben abzuweichen (was Vaubel [1996] allerdings bezweifelt).

Wichtiger als eine – möglicherweise einmalige – Punktlandung bei den ziemlich willkürlich festgelegten Verschuldungskriterien wäre es, zwar vorübergehend die Schuldenkriterien zu verfehlen, dafür aber auf mittlere Sicht die Haushaltsprobleme in den Griff zu bekommen. Ansätze zur nachhaltigen Sanierung der Finanzen von Bund, Ländern, Kommunen und Sozialversicherern sind jedoch kaum zu erkennen. Mit dem Nachtragshaushalt 1997 strebte die Bundesregierung sogar eine Neuverschuldung von bis zu 71 Milliarden Mark an, 18 Milliarden Mark mehr als ursprünglich vorgesehen. Damit hätte die Neuverschuldung um gut 11 Milliarden Mark über den im Haushalt ausgewiesenen 60 Milliarden Mark an Investitionen gelegen und hätte die Bundesregierung eine „Störung des gesamtwirtschaftlichen Gleichgewichts" feststellen müssen, um überhaupt einen rechtlich zulässigen Haushalt vorlegen zu können. Die überraschend positive Bilanz, welche die Regierung jetzt für das vergangene Jahr vorgelegt hat, kommt nicht ohne haushalterische Kosmetik aus.

Die Ängste vor Geldentwertung, die vor allem in der älteren Generation grassieren, sind sicher überzogen. Für eine gewisse Stabilität sorgt allein schon der Druck der internationalen Finanzmärkte. Eines ist aber auch klar: Die Europäische Zentralbank (EZB), die – eine Geste gegenüber den Inflation fürchtenden Deutschen – in Frankfurt am Main angesiedelt wird, wird die Stabilität der neuen Währung allein nicht garantieren können (siehe auch Vaubel 1996). Sie wird zwar unabhängig von Weisungen aus der Politik sein und sie dürfte das Ziel einer stabilen Währung mit der gleichen Hartnäckigkeit verfolgen wie die Bundesbank. Doch sind auch Zentralbanken relativ machtlos, wenn ein Staat mit einer unseriösen Haushaltspolitik die öffentlichen Finanzen zerrütten sollte. Beide zusammen, eine stabile Geldpolitik und eine solide Fiskalpolitik, machen eine Währung hart.

Unklar ist freilich, ob sich die Bürgerinnen und Bürger wirklich der Konsequenzen bewußt sind, die sich aus einer entsprechenden Finanzpolitik ergeben. Eine nachhaltige Konsolidierung der öffentlichen Haushalte würde nämlich eine weitere Einschränkung staatlicher Leistungen bedeuten und einen deutlichen Personalabbau im öffentlichen Dienst. Anders ist das Problem nicht zu lösen. Im Klartext heißt das: weniger Lehrer statt mehr, weniger Professoren statt mehr, weniger Polizisten statt mehr. Wenn es um die eigenen Interessen, die Ausbildung unserer Kinder oder die Betreuung der Eltern geht, wird der Ruf nach einem Abbau der öffentlichen Verschuldung jedoch schnell leiser. Wenn sich jeder nach dem Motto „Wasch' mir den Pelz, aber mach' mich nicht naß" verhält, sind freilich keine durchgreifenden Problemlösungen zu erwarten. Der Mut der Politik reicht meist bis zu dem Punkt, den sie den Wählerinnen und Wählern noch zumuten zu können glaubt. Warum sollte das anders sein? Notwendig ist für die Zeit, die vor uns liegt, ein breiter Dialog und ein neuer Konsens über die Aufgabenverteilung zwischen Staat und Gesellschaft.

Die Koordinaten, an denen wir uns in den vergangenen Jahrzehnten orientiert haben, stimmen längst nicht mehr. Was wir an materiellem Wohlstand und sozialer Sicherheit erworben haben, beruht auf einem Modell ständigen Wachstums und sprudelnder Steuereinnahmen, ohne nennenswerte Arbeitslosigkeit. Dieses Modell funktioniert nicht mehr. Die demographische Entwicklung, die Globalisierung der Wirtschaft, fehlende Beschäftigung und steigende Sozialhilfe haben dazu geführt, daß nichts mehr so ist wie es einmal war. Trotz der höchsten Steuer- und Abgabenlast in der Geschichte der

Republik hat die öffentliche Verschuldung Rekordhöhen erreicht. Anders gesagt: Auch ohne eine Währungsunion kämen wir nicht darum herum, unser gewohntes Verhalten radikal in Frage zu stellen. Die Währungsunion trägt nur dazu bei, daß wir den Antworten auf diese Fragen nicht länger ausweichen können (siehe hierzu auch den Beitrag von *Heinz-Werner Arens*).

III. Ein Europa der Bürger?

„Die Union gehört ihren Bürgern", heißt es in der Präambel des neuen EU-Vertrages („Maastricht II"). Offenbar besteht aber eine Kluft zwischen dem, was der Vertrag verheißt, und den realen Sorgen der Bürgerinnen und Bürger. Rund 20 Millionen Menschen sind in der global gesehen immer noch „reichen" Europäischen Union (Schmid 1996) ohne Arbeit, viele EU-Bürger leben noch heute in relativer oder absoluter Armut (Huster 1996). Ihnen sind die übergeordneten wirtschaftlichen Vorteile einer gemeinsamen Währung nur schwer zu vermitteln. Rechtfertigt dieses Ziel drastische soziale Einschnitte oder führt das nur zu einer wirtschaftlichen Abwärtsspirale? Ist „Sozialdumping" die geeignete Antwort auf die komparativen Kostenvorteile unserer östlichen Nachbarn oder können wir im globalen Wettbewerb auf diesem Wege ohnehin nicht gewinnen? Muß die Wirtschafts- und Währungsunion nicht flankiert werden von einer Sozialunion, einer gemeinsamen Sozialpolitik (Schmähl/Rische 1997) und politischen Fortschritten?

Strittig bleibt, ob der Euro die nationalen Gegensätze noch verstärkt oder aber die Integration vorantreibt. Während manche bemängeln, die Wirtschafts- und Währungsunion werde unkritisch als Motor der europäischen Einigung akzeptiert, so als müsse nur noch die Politik dem Markt folgen, weisen andere darauf hin, daß historisch bisher immer die politische Integration der ökonomischen gefolgt sei. Die Auffassungen der Mitgliedstaaten zu allen Punkten, die im Vorfeld der Amsterdamer Gipfels diskutiert wurden, wichen erheblich voneinander ab (Piepenschneider 1996). Einige machten die „Vertiefung" der Integration zur Vorbedingung für die teilweise bereits erfolgte, aber teilweise noch ausstehende Erweiterung der Europäischen Union. Andere wiesen darauf hin, daß man die Staaten, die beitreten wollen, nicht so lange hinhalten kann, bis sich die fünfzehn Mitglieder in allen diesen Fragen geeinigt haben. Die grundsätzliche Alternative – entweder „Vertiefung" oder „Erweiterung" – stellt sich nach Amsterdam nicht mehr. Nachdem die EU-Kommission inzwischen empfohlen hat, mit sechs von elf Kandidaten (nämlich Estland, Polen, Slowenien, Tschechien, Ungarn und Zypern) Verhandlungen aufzunehmen, ist klar, daß die Vertiefung der Integration parallel zur Erweiterung erfolgen muß (der Türkei wurden vorerst enge Beziehungen ohne förmliche Mitgliedschaft angeboten).

Wenn die Verhandlungen mit den Beitrittskandidaten 1998 beginnen, könnten die ersten neuen Staaten ab 2002 – also nach Abschluß der Übergangsphase der Währungsunion – der Union angehören. Bulgarien, Lettland, Litauen, Rumänien sowie die Slowakei kommen nach Ansicht der Kommission für einen Beitritt noch nicht in Frage, da sie entweder noch keine stabilen Demokratien, in denen die Rechte der Opposition respektiert, die Menschenrechte geachtet und Minderheiten geschützt werden, oder aber noch keine hinreichend funktionierenden Marktwirtschaften darstellen.

Die Institutionen und Verfahren der EU sind schon jetzt schwerfällig, für eine noch größere Anzahl Mitglieder aber völlig ungeeignet. Die Mechanismen, um zu Entscheidungen zu kommen, waren in den fünfziger Jahren konzipiert worden für zunächst sechs Mitgliedstaaten und wurden später in einer Reihe von pragmatischen Schritten weiterentwickelt, sind aber für die heutige Gemeinschaft von fünfzehn nicht mehr angemessen und erst recht nicht mehr, wenn weitere Mitglieder hinzukommen (Langguth 1996; Schmuck 1996; Weidenfeld 1996). In unmittelbarem Zusammenhang mit „Maastricht II", das den Reformstau auflösen sollte, standen und stehen weitere Aufgaben an: neben der Erweiterung der Union die Neuordnung der Agrarpolitik, die noch immer etwa die Hälfte der EU-Mittel bindet und mit der Aufnahme neuer Mitglieder endgültig kollabieren müßte (Hausmann 1996), die Überarbeitung der Strukturfonds, die künftige Finanzierung der Union (Langguth 1996) und vieles mehr (Schmuck 1996).

Der Vertrag von Maastricht, der die Einführung einer gemeinsamen Währung spätestens 1999 – unter gewissen Bedingungen – verbindlich vorsieht, hat die Probleme nur teilweise gelöst und in einigen Bereichen sogar neue Fragen aufgeworfen. Insbesondere hinsichtlich der Fähigkeit, schneller zu durchgreifenden Entscheidungen zu kommen, wurden kaum Fortschritte erzielt. Dies war der Grund, warum die Staats- und Regierungschef der Union schon bei der Aushandlung des Vertrages beschlossen, bereits 1996 die nächste Regierungskonferenz einzuberufen. Sie sollte eine gründliche Überarbeitung der Vertragsgrundlagen zur Europäischen Union („Maastricht II") vorbereiten und insbesondere – so die ursprüngliche Intention – das Ungleichgewicht von Politischer Union und Währungsunion korrigieren (Langguth 1996).

Skeptische Stimmen hielten es von vornherein für verfrüht, nur zweieinhalb Jahre nach Inkrafttreten des Maastrichter Vertrages die Verfahren und Zuständigkeiten der Europäischen Union einer erneuten gründlichen Prüfung zu unterziehen, weil sich die Auswirkungen des Vertrages noch gar nicht hinreichend abschätzen ließen. Sie wiesen darauf hin, daß schon der Maastrichter Vertrag fast gescheitert wäre und die Zustimmung der EU-Bevölkerung in der Zwischenzeit nicht gewachsen sei. Die Befürworter der Regierungskonferenz 1996/97 wiesen hingegen auf den erheblichen Reformbedarf hin, der in Maastricht nicht beseitigt werden konnte. Wenn hier nicht bald Lösungen gefunden würden, könne – so hieß es – sogar die Wirtschafts- und Währungsunion noch scheitern.

Die Erwartungen der Fachleute an „Maastricht II" waren angesichts des vertraglich festgelegten Zwanges zur Einstimmigkeit und der Notwendigkeit der Ratifizierung durch die nationalen Parlamente aller Mitgliedstaaten von vornherein bescheiden (Jopp/Schmuck 1996; Langguth 1996; Weidenfeld 1996). Weitreichende Reformen seien eher unwahrscheinlich, hieß es schon im Vorfeld, am Ende der Regierungskonferenz stehe vermutlich wiederum ein Verhandlungspaket, das die Bürgerinnen und Bürger nur bedingt zufriedenstellen könne. Noch seien die heftigen Diskussionen um den Maastrichter Vertrag nicht vergessen, die fast zu seinem Scheitern geführt hätten. Nur mit Mühe konnte dieses Reformwerk bekanntlich im November 1993, zwanzig Monate nach seiner Unterzeichnung, in Kraft treten.

Die Ergebnisse von Amsterdam haben die Skeptiker – man könnte auch sagen: die Realisten – bestätigt. Eine gewisse Aufwertung erfuhr das Europäische Parlament, dessen gleichberechtigte Mitentscheidung auf weitere Vertragsartikel ausgedehnt wurde. In diesem Verfahren, das in Maastricht neu eingeführt worden war und jetzt durch Streichung einer dritten Lesung gestrafft wurde, werden EU-Vorhaben (Richtlinien und Verordnungen) im Zusammenspiel zwischen Rat und Parlament beschlossen. Können beide Organe sich nicht einigen, wird ein gleichberechtigt besetzter Vermittlungsausschuß unter Beteiligung der Kommission mit der Initiative befaßt. Der Mitentscheidung des Parlaments unterliegen künftig unter anderem auch Maßnahmen zur Förderung der Beschäftigung, die Chancengleichheit, neue Bereiche der Verkehrspolitik, die Forschung, die Umweltpolitik oder der Gesundheitsschutz. Zu nennen sind ferner die Bekämpfung von Betrügereien zu Lasten der EU-Finanzen oder die Zusammenarbeit im Zollwesen. Das Parlament dürfte künftig in etwa drei Vierteln der EU-Gesetzgebung mitentscheiden.

Die Zahl der möglichen Verfahren bei der EU-Gesetzgebung wird durch Aufhebung der sogenannten Zusammenarbeit, die erst mit der Einheitlichen Europäischen Akte 1987 eingeführt worden war, als das Parlament noch einen unbedeutenderen Status hatte, auf nurmehr drei verringert (Anhörung, Zustimmung, Mitentscheidung). Die Währungsunion blieb der Mitwirkung des Parlaments allerdings entzogen.

Aufgewertet wurde das Parlament auch dadurch, daß der von den Regierungen der Mitgliedstaaten im Einvernehmen vorgeschlagene Präsident der EU-Kommission künftig vor der Ernennung der Zustimmung des Parlaments bedarf. Dies stärkt zugleich die Stellung des Präsidenten, den die Mitgliedstaaten zudem bei der Berufung von Kommissaren konsultieren müssen. Seine politische Führungsrolle wird auch dadurch unterstrichen, daß er ein weites Ermessen sowohl beim Zuschnitt der Ressorts als auch bei der Zuweisung von Aufgaben haben soll. Von der Kommission wurde erwartet, daß sie ihre Dienststellen neu gliedert und einem Vizepräsidenten die Zuständigkeiten für die Außenbeziehungen zuweist, die bisher auf vier Ressorts verteilt war.

Die Zahl der Kommissare wurde, obwohl Kritiker sie schon lange für zu hoch halten, in Amsterdam zunächst auf die heutigen zwanzig festgeschrieben. Wenn die ersten neuen Mitgliedstaaten nach der Jahrtausendwende der Gemeinschaft beitreten, soll es zum Grundsatz „ein Mitgliedstaat, ein Kommissar“ kommen. Die großen EU-Länder – Deutschland, Frankreich, Großbritannien, Italien und Spanien – müßten dann auf einen ihrer zwei Kommissare verzichten. Auf diese Weise ließe sich eine erste Erweiterungswelle um bis zu fünf Länder verkraften.

Die anderen institutionellen Reformen, die im Vorfeld diskutiert wurden, sind in Amsterdam weitgehend gescheitert. Gegenüber den Vorschlägen des Ratsvorsitzenden Niederlande, die eine Ausweitung des Mehrheitsprinzips auf etliche Politikfelder vorsahen, wurde der Bereich für Entscheidungen mit qualifizierter Mehrheit nur geringfügig ausgedehnt. Im wesentlichen bleiben Entscheidungen dem Prinzip der Einstimmigkeit unterworfen. Die strategischen Leitlinien wollen die Regierungen im Konsens festlegen. Wenn sich ein Mitglied der Stimme enthält, kann ein Beschluß dennoch zustandekommen (konstruktive Enthaltung). Ein solcher Schritt würde es erübrigen, eine Mehrheit der Mitgliedstaaten zu einer engeren Zusammenarbeit zu ermächtigen, um das Veto eines einzelnen und damit eine Blockade zu umgehen. Unterhalb strategischer Entscheidungen soll der Rat zwar mit qualifizierter Mehrheit entscheiden, aber auch hier kann ein Mitglied unter Berufung auf ein nationales Interesse einen Beschluß verhindern. Mit qualifizierter Mehrheit kann das Thema dann wieder auf die Tagesordnung der Regierungschefs gehoben werden.

Einige EU-Länder dürfen sich in Zukunft enger zusammenschließen und bei der Integration rascher voranschreiten. Das Konzept der „flexiblen Integration“ ist nicht neu, sondern klang unter anderem im Gedanken eines „Kerneuropa“ bei der Wirtschafts- und Währungsunion an. Wenn einige Mitgliedstaaten diesem Konzept folgen und miteinander bei der weiteren Integration vorangehen wollen, so muß darüber zunächst mit qualifizierter Mehrheit entschieden werden. Eine einstimmige Beschlußfassung, auf der Großbritannien bis zuletzt bestanden hatte, hätte das ganze Konzept von vornherein ad absurdum geführt. Auch gegenüber einer „flexiblen Integration“ bleibt jedoch insofern eine Notbremse, als ein Mitgliedstaat sich auf vitales nationales Interesse berufen und den engeren Zusammenschluß anderer Länder vorerst verhindern kann. Damit steht eine flexible Zusammenarbeit weiterhin unter dem Vorbehalt eines Vetos.

Wie die Entscheidung über die künftige Struktur der Kommission wurde auch ein Beschluß über eine andere Gewichtung der Stimmen im Rat bis zur Erweiterung der EU verschoben. Daß bis dahin dringend eine Lösung gefunden werden muß, liegt auf der Hand: Eine Majorisierung der großen durch die kleinen Mitgliedstaaten würde die Gemeinschaft sprengen. Die jüngste Debatte darüber, daß Deutschland trotz der noch nicht bewältigten Probleme der Vereinigung nach wie vor der mit Abstand größte Nettozahler der Gemeinschaft ist, lieferte davon einen Vorgeschmack. Wenn aber neue Mitglieder aus Mittel- und Osteuropa beitreten, würden selbst Länder wie Griechenland oder Portugal zu Nettozahlern, die bisher am stärksten von EU-Mitteln profitieren. Verteilungskämpfe sind also vorprogrammiert.

Die Gemeinsame Außen- und Sicherheitspolitik (GASP) der Union war, wie nicht zuletzt der Balkan-Krieg drastisch vor Augen führte, in Maastricht unvollkommen geblieben. Das Bestreben, auf diesem Feld handlungsfähiger zu werden, hat auch in Amsterdam nur zu ganz kleinen Fortschritten geführt. Eine neue Analyse- und Planungseinheit unter Führung eines herausgehobenen Generalsekretärs des Rates soll zwar schnellere und koordinierte Aktionen der EU-Mitglieder vorbereiten, die Verfahren, darüber zu entscheiden, bleiben jedoch unverändert schwerfällig. Es bleibt die Gefahr, daß die strategischen Beschlüsse eher weich, weil möglichst konsensfähig gestaltet werden. Konsequente Politik läßt das schwerlich erwarten.

Dies gilt auch für eine stärkere Einbindung der Westeuropäischen Union (WEU) in den EU-Vertrag, wie sie in Amsterdam als „grundsätzliches Ziel" beschlossen wurde. Der 1954 gegründete Beistandspakt, dem zehn EU-Mitglieder angehören und der trotzdem bisher im Schatten der NATO stand, soll die Keimzelle für eine stärker europäische Ausrichtung der Verteidigungspolitik bilden und der EU damit auch ein stärkeres sicherheitspolitisches Profil geben (vgl. hierzu auch Mechtersheimer [1996]). Dazu existierte ein Drei-Stufen-Plan: Zunächst sollten engere Beziehungen zwischen beiden Institutionen herbeigeführt werden. In einem zweiten Schritt würde die WEU im Auftrage der EU Friedenseinsätze durchführen. Am Ende stünde die völlige Verschmelzung samt militärischer Beistandsverpflichtung analog zum Artikel 5 des NATO-Vertrages. Diesen Plan haben aber nicht nur die neutralen EU-Mitglieder abgelehnt, so daß die Befürworter nur auf eine „flexible Integration" hoffen können, die ihrerseits unter Vorbehalten steht. In den EU-Vertrag übernommen wurden lediglich die im Rahmen der WEU schon möglichen humanitären, friedenssichernden und friedenserhaltenden Maßnahmen, darunter auch Kampfeinsätze (Petersberg-Aufgaben). Die EU-Regierungschefs erhalten eine Leitlinienkompetenz für die Aktionen, die unter Nutzung der WEU unternommen werden.

Die außen- und sicherheitspolitische Vertretung der EU nimmt der jeweilige Ratsvorsitz wahr, unterstützt von dem neuen Generalsekretär – der als „Hoher Vertreter für die Gemeinsame Außen- und Sicherheitspolitik" bezeichnet wird – und der Kommission. Bisher bestand diese Troika aus der Präsidentschaft, ihrem Vorgänger und ihrem Nachfolger.

In der Außenwirtschaft soll die bislang fast ausschließlich auf den Warenhandel beschränkte Kompetenz der EU (Art. 113) zwar auf Dienstleistungen und geistiges Eigentum ausgedehnt werden. Mehrere Protokolle mit vielen Ausnahmebestimmungen schränken diese Initiative jedoch erheblich ein.

Unter dem Strich enthält der neue Vertrag noch weniger Demokratie als der alte. Dies verbirgt sich jedoch hinter der an sich begrüßenswerten Vergemeinschaftung von Teilen der Innen- und Rechtspolitik. So gehörten der freie Personenverkehr, Asylrecht und Einwanderung bisher zur „dritten Säule", also zu dem Bereich, in dem die nationalen Regierungen ihre Zusammenarbeit durch Verträge regeln, die dann von den nationalen Parlamenten abgesegnet werden. Künftig gehören diese Materien zur „ersten Säule", also in den Bereich, in dem der Europäische Rat Richtlinien und Verordnungen von unmittelbarer Geltungskraft für jeden Mitgliedstaat erlassen kann. Wie es in der ersten Säule des EU-Vertrages üblich ist, sind dafür (zum Teil nach einer Übergangsfrist) Entscheidungen der Mehrheit statt Einstimmigkeit vorgesehen.

Wenn das Europäische Parlament anstelle der nationalen ein Mitentscheidungsrecht in diesen Fragen bekommen hätte, wäre dagegen an sich nichts einzuwenden. So aber können im Bereich der Innen- und Justizpolitik künftig europäische Gesetze allein von der Exekutive beschlossen werden – ohne die nationalen Parlamente, ohne das Europäische Parlament. Alle Gewalt liegt auf diesen Feldern künftig bei den Regierungen, eine Gewaltenteilung gibt es nicht.

Die Freizügigkeit im Binnenmarkt, die es eigentlich schon seit 1993 geben sollte, wird weiter hinausgeschoben bis ins Jahr 2003, der endgültige Abbau der Grenzkontrollen innerhalb der Union an zahlreiche kompensatorische Maßnahmen geknüpft. Das Asylrecht wurde auf kleinstem gemeinsamen Nenner harmonisiert („Mindestnormen") und EU-intern abgeschafft, da jeder Mitgliedstaat grundsätzlich als „sicher" definiert wird. Zu den Maßnahmen, die den Abbau der Grenzkontrollen kompensieren sollen, zählt auch der Ausbau von Europol, die spätestens fünf Jahre nach Inkraftttreten des Vertrages auch operativ tätig werden und eigenständige Ermittlungen auf dem Boden der Mitgliedstaaten führen dürfen soll (Art. K 2). An anderer Stelle (Art. K 10) wird das Europäische Parlament von einer Mitwirkung in Sachen Europol ausgeschlossen, es wird nicht einmal angehört. Im Schengen-Protokoll, das Bestandteil des neuen Vertrages ist, wird hier auch der Europäische Gerichtshof in seinen Kompetenzen beschnitten: „Der Gerichtshof besitzt auf keinen Fall die Zuständigkeit für Maßnahmen oder Beschlüsse, die die Aufrechterhaltung der öffentlichen Ordnung oder die Gewährleistung der inneren Sicherheit betreffen."

Kritiker monieren zudem, daß Europol in der Rolle eines europäischen FBI nur der Endpunkt einer behutsamen Entwicklung hätte sein können. Notwendig wären bis dahin wenigstens Anfänge eines europäischen Strafrechts und einer europäischen Strafprozeßordnung gewesen. Es fehle an einer europäischen Justiz, der Europol als polizeiliches Strafverfolgungsorgan zuzuarbeiten hätte, und man brauche ihre Kontrolle durch das Europäische Parlament. Nichts von dem sei jedoch in der Europol-Konvention oder im Amsterdamer Vertrag vorgesehen, es gebe dazu nicht einmal Absichtserklärungen.

„Maastricht II", der neue EU-Vertrag, sollte den Boden bereiten für das Jahrhundertprojekt der Osterweiterung, d.h. für eine Union, die auch mit 25 oder 27 Mitgliedern handlungsfähig ist. Das gebannte Starren auf den Euro hat nicht nur davon abgelenkt, sondern auch von der Frage, wie es mit Demokratie und Recht in Europa weitergeht. Beide haben in Amsterdam nicht nennenswert dazugewonnen, partiell sogar verloren. Mit Aufnahme des Beschäftigungskapitels in den Vertrag und der Entschließung zu „Wachstum und Beschäftigung" in Ergänzung zum Stabilitäts- und Wachstumspakt werden die Regierungen zwar ermahnt, die Arbeitslosigkeit durch eine bessere Abstimmung der nationalen Wirtschaftspolitiken und einen effizienteren Einsatz vorhandener Instrumente energischer zu bekämpfen. Allzuviel war jedoch selbst von dem Sondergipfel zum Thema, den Luxemburg einberufen sollte, nicht zu erwarten. Seit Brüssel 1993 haben sich eine Reihe von EU-Gipfeln ohne greifbare Erfolge damit befaßt. Im Gegenteil: Seither hat sich die Arbeitslosigkeit in der Europäischen Union sogar noch verschärft, ohne daß jemand Rezepte dagegen wüßte.

Entgegen einer verbreiteten Ansicht kommt die Währungsunion nicht „automatisch", nur weil sie in Maastricht beschlossen wurde. Und das hängt wiederum nicht nur davon ab, ob die Bundesrepublik Deutschland die Kriterien erfüllt oder nicht. Daß diese Entwicklung „keinem nicht mehr steuerbaren Automatismus unterworfen" ist, hat vielmehr das Bundesverfassungsgericht unmißverständlich klargestellt (vgl. dazu Hartwich [1997] und Winkelmann [1994]).

Nicht wegen rechtlicher Grenzen, sondern aus ganz anderen Gründen – fraglichen Mehrheiten und mangelnder Akzeptanz – haben einige vermutet, daß der Beginn der dritten Stufe der Währungsunion letztlich doch noch verschoben würde (Vaubel 1996). Eine förmliche Änderung des Vertrages wäre dafür gar nicht erforderlich gewesen, da der Startschuß unter dem Vorbehalt stand, daß er auch tatsächlich vom Rat mit qualifizierter Mehrheit beschlossen wird. Die Geschichte der Europäischen Währungskooperation biete – so die Skeptiker – zahlreiche Beispiele dafür, daß vereinbarte Fristen nicht eingehalten wurden.

Obwohl die Ablehnung der neuen Währung unverkennbar ist und noch zu wachsen scheint, ist inzwischen klar, daß der Euro kommt. Viele Unternehmen bereiten sich längst auf die Umstellung vor, so daß man auch sagen könnte: Er ist bereits da! (siehe hierzu den Beitrag von *Dietrich* Rümker) Gilt das auch für die Verwaltung?

IV. Die öffentliche Verwaltung: Reif für den Euro?

Mit der einheitlichen Währung kommen nicht nur auf die Wirtschaft, sondern auf alle gesellschaftlichen Teilbereiche erhebliche Veränderungen zu – und damit auch auf die öffentlichen Verwaltungen. Das Bewußtsein, daß man frühzeitig mit den Vorbereitungen beginnen muß, um nicht vom Euro überrollt zu werden, scheint erst allmählich zu wachsen. Hier und da versuchen erste Projektgruppen abzuschätzen, welche Bereiche alle betroffen und welche Vorkehrungen zu treffen sind. Von einer umfassenden Beschäftigung mit dem Thema kann allerdings noch keine Rede sein.

Zu dieser zögerlichen Haltung mag die Strategie der Bundesregierung beigetragen haben, den Übergangszeitraum von 1999 bis Ende 2001 voll auszunutzen und die gesamte öffentliche Verwaltung erst zum Stichtag 1. Januar

2002 auf den Euro umzustellen. Dafür gibt es durchaus gute Gründe. Wenn die Verwaltungen sofort umstellen würden, müßten schon ab 1999 mehrere tausend Paragraphen geändert werden – ein Aufwand, der nicht erforderlich ist, wenn sie die D-Mark bis Ende 2001 beibehalten. Förmliche Änderungen werden dann nicht notwendig, da gemäß Euro-Verordnung die einheitliche europäische Währung zu diesem Zeitpunkt automatisch an die Stelle der D-Mark tritt. Ein Wahlrecht der „Kunden", ob sie im Umgang mit den Behörden in der Zwischenzeit D-Mark oder Euro benutzen wollen, würde für die Verwaltungen einen hohen Mehraufwand bedeuten, der offenbar vermieden werden soll.

Die schlagartige Umstellung zu einem bestimmten Stichtag („Big Bang"), die für Bund, Länder und Kommunen wie auch die Sozialversicherungen vorgesehen ist, und zwar zum letztmöglichen Zeitpunkt, statt eines früher einsetzenden, allmählichen Überganges ist strittig. Während manche einen einmaligen Kraftakt – nur früher – statt der dreijährigen Übergangsphase, in der niemand zur Verwendung des Euro gezwungen, aber auch niemand darin behindert werden darf, trotz des gewaltigen Aufwandes auch für die Wirtschaft und den Handel (keine doppelte Preisauszeichnung, keine doppelt auszeichnenden Geräte und Kassen) mit bevorzugen würden, bezweifeln andere, daß dies praktisch zu bewältigen wäre. Fraglich ist schon, ob die Kapazitäten zur Datenverarbeitung überhaupt ausreichen, wenn alle Behörden gleichzeitig zum Stichtag 1. Januar 2002 umrüsten. Zusätzlich zu den notwendigen Umstellungen in der Software wird auch der Austausch von Geräten und Automaten in Parkhäusern, Schwimmbädern usw. zu bewältigen sein. Schon aus organisatorischen Überlegungen heraus könnte deshalb eine Entzerrung des Termins ratsam sein.

Die privaten Haushalte dürften bis Ende der Übergangszeit ganz überwiegend bei der D-Mark bleiben, schon weil Euro-Banknoten und -Münzen noch nicht zur Verfügung stehen und deshalb viele tägliche Geschäfte noch in der alten Währung abgewickelt werden. Mit dem Start der Währungsunion 1999 steht der Euro zunächst – parallel zur D-Mark – nur für alle unbaren Verwendungen zur Verfügung, also insbesondere als Buchgeld oder Vertragswährung. Auch Unternehmen, die ihre Kunden vorrangig im Mittelstand und im Inland haben, dürften vorerst meist bei der alten Währung bleiben.

Insofern kann es kaum verwundern, daß anderthalb Jahre vor dem Startschuß für die Währungsunion laut einer Umfrage des Bundesverbandes der Deutschen Industrie (BDI) in 90 Prozent der Firmen in Deutschland noch keine Euro-Strategie vorhanden oder irgendein Zeitpunkt für die Umstellung vorgesehen war. Darin kam auch Unsicherheit zum Ausdruck. Zwar galt schon damals als sicher, daß der Euro tatsächlich kommen würde. Aber viele Fragen schienen noch offen. Würde die Währungsunion pünktlich in Kraft treten? Welche Länder würden ihr von Beginn an angehören? War eine begrenzte Verschiebung noch denkbar, oder würde das Projekt dann gänzlich scheitern? Eine Mehrheit der kleinen und mittleren Unternehmen erwartete zudem sowohl Verschlechterungen im eigenen Geschäftsfeld als auch negative gesamtwirtschaftliche Auswirkungen. Der Mittelstand befürchtete hohe Umstellungskosten und eine verschärfte Konkurrenz im europäischen Wirtschaftsraum.

Die größeren Unternehmen, die über Landesgrenzen hinweg operieren, und die Banken haben hingegen frühzeitig mit den Vorbereitungen auf die Währungsunion begonnen (siehe hierzu *Dietrich Rümker*). Für sie ist es aus Gründen des Wettbewerbs zwingend erforderlich, schnell auf den Euro umzusteigen. Allerdings müssen sie ihre Zahlenwerke im Verkehr mit Behörden, bis auch die Verwaltungen einheitlich umstellen, wieder auf D-Mark zurückrechnen. Den Mehraufwand für das doppelte Berechnen, den sich die Verwaltungen sparen, tragen also die Unternehmen. Das betrifft nicht nur Gebühren, Zölle, Steuererklärungen und Bilanzen, sondern unter Umständen sogar die einzelnen Löhne und Gehälter. Bei der Bilanzierung soll den Unternehmen zwar ein Wahlrecht zwischen D-Mark und Euro eingeräumt werden, doch Steuererklärungen und die Meldungen an die Sozialversicherungen müssen bis 2002 weiterhin in D-Mark berechnet werden. Hier bedarf es noch einer europaweiten Abstimmung, soll es nicht durch unterschiedliche Umstellungszeitpunkte bei Rechnungslegung, Besteuerung und Finanztransaktionen zu Wettbewerbsverzerrungen kommen.

Mit der Umstellung in den Verwaltungen beschäftigt sich der beim Bundesminister der Finanzen eingerichtete Arbeitsstab „Europäische Wirtschafts- und Währungsunion" (hierzu und zum folgenden Zeitler 1997). Die Belange der Kommunen werden in ihm von den Ländern wahrgenommen, die auch die Kommunalaufsicht ausüben. Nach Erkenntnissen des Arbeitsstabes wäre etwa die Sozialverwaltung – wie auch die Steuer- und Zollverwaltung – gar nicht in der Lage, bereits ab 1999 mit zwei Währungssystemen zu operieren. Insofern drängte sich auf, einen späteren Termin zu wählen.

Da die meisten Kontakte der kommunalen Verwaltungen zu Privaten, zu Handwerk und Mittelstand vor Ort bestehen, empfiehlt sich für die Mehrzahl der Städte und Gemeinden, auch bei privatrechtlichen Geschäften, für die im Unterschied zum hoheitlichen Bereich in der Übergangszeit der Grundsatz der Wahlfreiheit gelten soll, bei der Verwendung der D-Mark zu bleiben. Das öffentlich-rechtliche Verwaltungshandeln – etwa in Form von Bescheiden – wie auch die zugrundeliegenden Rechtsvorschriften sollen ja erst zum 1. Januar 2002 geändert werden. Eine parallele Verwendung des Euro in den Kommunen würde eher zur Verwirrung führen, zumal die meisten „Kunden" selbst wohl erst mit dem Ende der Übergangsphase mit dem neuen Geld in Berührung kommen.

Im Verkehr mit Unternehmen, die mit Blick auf ihre Absatzmärkte früher auf den Euro umgestellt haben, können die Verwaltungen unkompliziert Zahlungen austauschen. Zwischen den Verbänden der Kreditwirtschaft und der Deutschen Bundesbank ist die volle Wahlfreiheit zwischen D-Mark und Euro vereinbart worden, wodurch die Kosten einer Zweigleisigkeit für die Bankkunden vermieden werden (Zeitler 1997). Diese Regelung gilt auch für Kontoführung und Zahlungsverkehr von Kommunen bei ihrer örtlichen Landeszentralbank und sieht u.a. vor, daß

- Kundenkonten sowohl in D-Mark als auch in Euro geführt werden können,
- über jedes Konto Verfügungen (etwa Überweisungen) sowohl in D-Mark als auch Euro erfolgen können,
- allen Konten D-Mark als auch Euro-Zahlungseingänge gutgeschrieben werden können.

Die gegebenfalls notwendige Umrechnung, die sogenannte Konversion, erledigen die Kreditinstitute. Alle Zahlungen können von den Kommunen wie von Unternehmen also in der Währung des eigenen Haushalts, des eigenen Rechenwerks, abgewickelt werden, unabhängig davon, mit welcher „Währungssprache“ die Gegenseite arbeitet.

Mit Abschluß der Übergangsphase erfolgt quasi eine automatische Umstellung aller Rechtsnormen und -instrumente, in denen Geldbeträge genannt werden, auf den Euro. Eine formelle Änderung – etwa von Urkunden und Verträgen – ist folglich rechtlich nicht erforderlich. Im Sinne von Rechtsklarheit und Transparenz könnte es allerdings angezeigt sein, bei bestimmten Rechtsnormen – etwa bei Satzungen – DM-Beträge durch Euro zu ersetzen. Hier wartet viel Arbeit, auch wenn es dafür – anders als bei der Haushalts- und Finanzwirtschaft – keinen zwingenden Stichtag gibt. Allein für das Bundesrecht hat eine JURIS-Abfrage ergeben, daß rund 4.000 Gesetzesstellen auf die Währung oder Währungsbeträge Bezug nehmen. In den Ländern und Kommunen, die Verwaltung vollziehen, dürfte sich ebenfalls stolze Zahlen ergeben.

Durch Umrechnung auf den Euro dürften sich für viele kommunale Dienstleistungen, aber auch für Verwarnungen und Geldbußen „krumme“ Beträge ergeben. Wenn es im Interesse des Vertrauens in die neue Währung nicht zu einer allgemeinen Preiserhöhung bzw. Schlechterstellung der Bürgerinnen und Bürger kommen soll, empfiehlt es sich, bei den neuen Gebühren und Entgelten tendenziell eher abzurunden.

Die umfangreichen Änderungen in allen Bereichen der kommunalen Finanz- und Haushaltswirtschaft – bei Buchführung und Rechnungswesen, bei Planung und Überwachung des Haushalts, bei der Statistik – müssen voraussichtlich erst zur Jahreswende 2001/02 „stehen“. Als Ausnahme von dieser Regel dürfte es sinnvoll sein, die Aufstellung der Haushalte für das Jahr 2002 im Laufe des Jahres 2001 bereits in Euro vorzunehmen.

Die neuen Banknoten und Münzen werden von der Europäischen Zentralbank bis spätestens Ende 2001 über die nationalen Notenbanken – in Deutschland über die Landeszentralbanken – in Umlauf gebracht. Das Szenario von Madrid sieht einen parallelen Umlauf der nationalen Währungen und des Euro bis längstens Mitte 2002 vor. Eine parallele Verwendung zweier Währungen würde jedoch hohe Kosten für eine doppelte Kassenhaltung und ggf. eine doppelte Preisauszeichnung erfordern. Insofern drängt sich eine erhebliche Verkürzung der Parallelphase auf wenige Wochen oder sogar darunter auf. Freilich verkürzt sich damit auch die Spanne, innerhalb derer etwa Fahrschein- und

Kassenautomaten auf das neue Bargeld umzustellen sind. Mit diesem Problem werden nicht zuletzt die Kommunen konfrontiert sein: Parkuhren, Kassenautomaten, Pfandspinde in Bädern usw. müssen auf das neue Geld „gemünzt" werden. Hier ist noch zu prüfen, ob eine gewisse „Nachlaufphase" im Interesse von Kommunen, Verkehrsbetrieben und Herstellern notwendig ist.

Die Umstellung auf die neue Währung bietet letztlich auch eine Chance, bisherige Abläufe innerhalb der Verwaltung auf den Prüfstand zu stellen. Insofern besteht hier auch eine Schnittstelle zur laufenden Verwaltungsreform. Ähnlich wie dort ist auch hier eine frühzeitige Information, Schulung und Einbindung der Mitarbeiterinnen und Mitarbeiter erforderlich, wenn die Umstellung reibungslos erfolgen soll.

Es ist wichtig, daß der Euro eine stabile Währung wird und das Vertrauen der Bürgerinnen und Bürger gewinnt. Wichtig ist ferner, daß die technische Umstellung in den Unternehmen und Verwaltungen möglichst reibungslos gelingt. Genauso wichtig ist aber auch noch eine andere Erkenntnis, die in den absehbar heftigen Debatten der kommenden Jahre unterzugehen droht: Europa ist mehr als nur eine Frage des Geldes!

Literatur

Abromeit, Heidrun, 1998: Ein Vorschlag zur Demokratisierung des europäischen Entscheidungssystems, in: Politische Vierteljahresschrift 39, Heft 1, S. 80-90

Arbeitsgruppe „Europäische Verfassung", 1990: Wie Europa verfaßt sein soll. Vorschläge zur institutionellen Weiterentwicklung der Europäischen Gemeinschaft, Gütersloh

Bandemer, Stephan von/Blanke, Bernhard/Nullmeier, Frank/Wewer, Göttrik, 1998 (Hrsg.): Handbuch zur Verwaltungsreform, Opladen

Bundeszentrale für politische Bildung, 1996 (Hrsg.): Von der EG zur Europäischen Union. Vertiefung und Erweiterung, 2., aktual. Aufl., Bonn

Caesar, Rolf/Ohr, Renate, 1966 (Hrsg.): Maastricht und Maastricht II: Vision oder Abenteuer?, Baden-Baden

Collignon, Stefan, 1996: Geldwertstabilität für Europa. Die Währungsunion auf dem Prüfstand, Gütersloh

Conrad, Bernt, 1997: Europas alter Elan, in: Die Welt vom 29. April

Crones, Christian, 1997: Selbstbindungen der Verwaltung im Europäischen Gemeinschaftsrecht. Eine Analyse der Rechtsprechung von EuGH und EuG zur ermessensbeschränkenden Wirkung von Gleichheitssatz und Vertrauensschutzprinzip auf Gemeinschaftsebene vor rechtsvergleichendem Hintergrund, Baden-Baden

Fischer, Wolfgang, 1998: Von Maastricht nach Amsterdam: Die Regierungskonferenz aus Sicht der deutschen Länder, in: Zeitschrift für Parlamentsfragen 29, Heft 1, S. 46-64

Friedrich, Horst/Wiedemeyer, Michael, 1994: Arbeitslosigkeit – ein Dauerproblem im vereinten Deutschland? Dimensionen, Ursachen, Strategien, 2., aktual. Aufl., Opladen

Gabriel, Oscar W., 1992 (Hrsg.): Die EG-Staaten im Vergleich. Strukturen, Prozesse, Politikinhalte, Bonn

Garton Ash, Timothy, 1993: Im Namen Europas. Deutschland und der geteilte Kontinent, München/Wien

Gasteyger, Curt, 1990: Europa zwischen Spaltung und Einigung 1945-1990. Eine Darstellung und Dokumentation über das Europa der Nachkriegszeit, Bonn

Günther, Dirk/Becker, Peter, 1996: Die europäische Wirtschafts- und Währungsunion – Wird die D-Mark geopfert?, in: Bundeszentrale (Hrsg.): EG, S. 155-201
Hartwich, Hans-Hermann, 1997: „Keinem nicht mehr steuerbaren Atomatismus unterworfen"! Das Bundesverfassungsgericht zur deutschen Entscheidung im Jahr 1988 über den Beitritt zur Europäischen Währungsunion, in: Gegenwartskunde 46, Heft 1, S. 55-62
Hausmann, Hartmut, 1996: Die neue Agenda für die europäische Politik, in: Aus Politik und Zeitgeschichte B 1-2, S. 3-9
Hermann, Peter, 1997: Sozialpolitik in der Europäischen Union, Rheinfelden/Berlin
Hoecker, Beate, 1998 (Hrsg.): Handbuch Politische Partizipation von Frauen in Europa, Opladen
Hradil, Stefan/Immerfall, Stefan, 1997 (Hrsg.): Die westeuropäischen Gesellschaften im Vergleich, Opladen
Huster, Ernst-Ulrich, 1996: Armut in Europa, Opladen
Institut der Wirtschaftsprüfer, 1997 (Hrsg.): Die Vorbereitung auf den Euro, Düsseldorf
Institut für Europäische Politik, 1989 (Hrsg.): Politische Gemeinschaft Europa. Grundwerte – Institutionen – Verfahren, Bonn
Jakobeit, Cord/Yenal, Alparslan, 1993 (Hrsg.): Gesamteuropa. Analysen, Probleme und Entwicklungsperspektiven, Bonn
Jann, Werner, 1993: Regieren im Netzwerk der Regionen – Das Beispiel Ostseeregion, in: Carl Böhret/Göttrik Wewer (Hrsg.): Regieren im 21. Jahrhundert – zwischen Globalisierung und Regionalisierung, Opladen, S. 187-206
Jopp, Matthias, 1996: Reformziel Stärkung der außen- und sicherheitspolitischen Handlungsfähigkeit der EU, in: ders./Schmuck (Hrsg.): Reform, S. 41-58
Jopp, Matthias/Schmuck, Otto, 1996 (Hrsg.): Die Reform der Europäischen Union. Analysen, Positionen, Dokumente zur Regierungskonferenz 1996/97, Bonn
Kielmansegg, Peter Graf von, 1996: Integration und Demokratie, in: Kohler-Koch/Jachtenfuchs (Hrsg.): Integration, S. 19-28
König, Thomas, 1997: Europa auf dem Weg zum Mehrheitssystem. Gründe und Konsequenzen Nationaler und Parlamentarischer Integration, Opladen
König, Thomas/Rieger, Elmar/Schmitt, Hermann, 1996 (Hrsg.): Das Europäische Mehrebenensystem, Frankfurt a.M./New York
Kohler-Koch, Beate/Jachtenfuchs, Markus, 1996 (Hrsg.): Europäische Integration, Opladen
Kohler-Koch, Beate/Woyke, Wichard, 1996 (Hrsg.): Lexikon der Politik, Bd. 5: Die Europäische Union, München
Krauß, Stefan, 1998: Fortentwicklung des Vertragswerks der EU: Grenzen des intergouvernementalen Ansatzes, in: Zeitschrift für Parlamentsfragen 29, Heft 1, S. 64-77
Kreile, Michael, 1992 (Hrsg.): Die Integration Europas, Opladen
Langguth, Gerd, 1996: Ein starkes Europa mit schwachen Institutionen? Die europapolitische Agenda zur Regierungskonferenz 1996, in: Aus Politik und Zeitgeschichte B 1-2, S. 35-45
Lundqvist, Lars/Persson, Lars Olof, 1993 (Eds.): Visions and Strategies in European Integration. A North European Perspective, Heidelberg
Lutz, Dieter S., 1993: Deutschland und die Kollektive Sicherheit. Politische, rechtliche und programmatische Aspekte, Opladen
Maurer, Andreas, 1996: Reformziel Effizienzsteigerung und Demokratisierung: Die Weiterentwicklung der Entscheidungsmechanismen, in: Jopp/Schmuck (Hrsg.): Reform, S. 23-40
Mechtersheimer, Alfred, 1996: Zur Gemeinsamen Außen- und Sicherheitspolitik in der Europäischen Union, in: Aus Politik und Zeitgeschichte B 1-2, S. 27-34
Meimeth, Michael, 1997 (Hrsg.): Die Europäische Union auf dem Weg zu einer Gemeinsamen Sicherheits- und Verteidigungspolitik, Berlin

Monar, Jörg, 1996: Reformziel Innere Sicherheit: Die Notwendigkeit einer Gemeinsamen Innen- und Justizpolitik, in: Jopp/Schmuck (Hrsg.): Reform, S. 59-74
Neubauer, Ralf, 1997: Der Kriterien-Streit, in: Die Welt vom 2. Juli
Piepenschneider, Melanie, 1996: Die Positionen der Mitgliedstaaten und EU-Organe im Überblick: Standpunkte, Spielmaterial und Sprengsätze, in: Jopp/Schmuck (Hrsg.): Reform, S. 75-100
Pintarits, Sylvia, 1996: Macht, Demokratie und Regionen in Europa, Marburg
Pöhle, Klaus, 1998: Das Demokratiedefizit der Europäischen Union und die nationalen Parlamente. Bietet COSAC einen Ausweg?, in: Zeitschrift für Parlamentsfragen 29, Heft 1, S. 77-90
Presse- und Informationsamt der Bundesregierung, 1996 (Hrsg.). Europa 2000. Die Europäische Union der fünzehn Staaten, 4., veränd. Aufl. , Bonn
Ringler, Jochen C.K., 1997: Die Europäische Sozialunion, Berlin
Rupprecht, Reinhard/Hellenthal, Markus, 1992: Innere Sicherheit im Europäischen Binnenmarkt, Gütersloh
Scharpf, Fritz W., 1992: Europäisches Demokratiedefizit und deutscher Föderalismus, in: Staatswissenschaften und Staatspraxis 3, S. 295-306
Scharpf, Fritz W., 1993: Legitimationsprobleme der Globalisierung. Regieren in Verhandlungssystemen, in: Carl Böhret/Göttrik Wewer (Hrsg.): Regieren im 21. Jahrhundert – zwischen Globalisierung und Regionalisierung, Opladen, S. 165-185
Scharpf, Fritz W., 1994: Optionen des Föderalismus in Deutschland und Europa, Frankfurt a.M.
Schelter, Kurt, 1996: Innenpolitische Zusammenarbeit in Europa zwischen Maastricht und Regierungskonferenz 1996, in: Aus Politik und Zeitgeschichte B 1-2, S. 19-26
Schlotter, Peter/Ropers, Norbert/Meyer, Berthold, 1994: Die neue KSZE. Zukunftsperspektiven einer regionalen Friedensstrategie, Opladen
Schmähl, Winfried/Rische, Herbert, 1997 (Hrsg.): Europäische Sozialpolitik, Baden-Baden
Schmid, Josef, 1996: Wohlfahrtsstaaten im Vergleich. Soziale Sicherungssysteme in Europa: Organisation, Finanzierung, Leistungen und Probleme, Opladen
Schmidt, Manfred G., 1998: Sozialpolitik in Deutschland. Historische Entwicklung und internationaler Vergleich. 2., vollst. überarb. und erw. Aufl., Opladen
Schmuck, Otto, 1996: Die Regierungskonferenz 1996/97: Reformbedarf, Rechtsgrundlagen, Tagesordnung, Erwartungen, in: Jopp/Schmuck (Hrsg.): Reform, S. 9-22
Steffani, Winfried/Thaysen, Uwe, 1995 (Hrsg.): Demokratie in Europa: Zur Rolle der Parlamente, Opladen
Strohmeier, Rudolf, 1994 (Hrsg.): Die Europäische Union. Ein Kompendium aus deutscher Sicht, Opladen
Tindemans-Gruppe, 1996: Welches Europa wollen Sie? Fünf Szenarien für das Europa von morgen, Baden-Baden
Tolksdorf, Michael, 1995: Ein Geld für Europa? Entwicklung und Funktionsweise der Europäischen Währungsunion, Opladen
Vaubel, Roland, 1996: Das Tauziehen um die Europäische Währungsunion. Ein politisch-ökonomisches Szenario für die nächsten 12 Jahre, in: Aus Politik und Zeitgeschichte B 1-2, S. 11-18
Weidenfeld, Werner, 1991 (Hrsg.): Wie Europa verfaßt sein soll – Materialien zu Politischen Union, Gütersloh
Weidenfeld, Werner, 1994a (Hrsg.): Europa '96. Reformprogramm für die Europäische Union, Gütersloh
Weidenfeld, Werner, 1994b (Hrsg.): Maastricht in der Analyse. Materialien zur Europäischen Union, Gütersloh
Weidenfeld, Werner, 1995 (Hrsg.): Reform der Europäischen Union, Gütersloh

Weidenfeld, Werner, 1996: Europa '96 – Unterwegs wohin? Die Europäische Union vor der Regierungskonferenz, in: Aus Politik und Zeitgeschichte B 1-2, S. 3-10

Weidenfeld, Werner, u.a. 1991: Die doppelte Integration. Europa und das größere Deutschland, Gütersloh

Wellner, Walter/Schmich, Gerhard, 1988: Europa auf dem Weg zur Sozialunion. Entwicklung – Analysen – Perspektiven, Bonn

Wildenmann, Rudolf, 1991 (Hrsg.): Staatswerdung Europas? Optionen für eine Europäische Union, Baden-Baden

Winkelmann, Ingo, 1994 (Hrsg.): Das Maastricht-Urteil des Bundesverfassungsgerichts vom 12. Oktober 1993. Dokumentation des Verfahrens mit Einführung, Berlin

Wolf, Klaus-Dieter, 1997 (Hrsg.): Projekt Europa im Übergang? Probleme, Modelle und Strategien des Regierens in der Europäischen Union, Baden-Baden

Zeitler, Franz-Christoph, 1997: Die Einführung des Euro – Umstellungsfragen der Kommunen, München (vervielf. Manuskript)

Klaus-Werner Schatz

Europäische Währungsunion: Chancen und Risiken

Zum 1. Januar 1999 soll die Europäische Währungsunion beginnen. Die Politik räumt der Währungsunion einen hohen Stellenwert ein. Ihre Verwirklichung wird als ein weiterer großer Erfolg auf dem Wege zur europäischen Integration gesehen. Die Währungsunion sei ein konsequenter, ein notwendiger Schritt, der dem Integrationsprozeß Schub geben und ihn gänzlich unumkehrbar machen werde. Auch der gemeinsame Binnenmarkt erfordere die Währungsunion, und sie treibe zudem die politische Einigung Europas voran. Die Bürger in den meisten Ländern Europas wollen die europäische Einigung mit großer Mehrheit. Sie stehen der Währungsunion jedoch überwiegend zögernd, skeptisch oder sogar ablehnend gegenüber – beispielsweise in Deutschland, wie Umfragen belegen.

In der Tat bedeutete die Europäischen Währungsunion einen Schritt in eine neue Richtung. Die Währungsunion geht auf den Vertrag von Maastricht vom 7. Februar 1992 zurück, der die Gründungsverträge zur Europäischen Wirtschaftsgemeinschaft von 1957 und verschiedene Folgeverträge ergänzt und modifiziert. Im Zentrum der Bemühungen stand bisher die wirtschaftliche Integration, also die Verwirklichung eines einheitlichen Binnenmarktes. Die Fortschritte sind beeindruckend, wenn es im einzelnen auch immer noch Defizite gibt. Die durch den Binnenmarkt erreichten Vorteile sind groß; doch werden sie häufig kaum noch wahrgenommen, weil sie zur Selbstverständlichkeit geworden sind. Begünstigt sind die Menschen in allen Mitgliedsländern der Europäischen Union. So hat die Beseitigung der Beschränkungen für den innergemeinschaftlichen Handel, beispielsweise der Zölle, zu niedrigeren Preisen und einer größeren Angebotsvielfalt geführt. Zugleich hat der intensivere Wettbewerb zwischen den Unternehmen im gemeinsamen Markt Druck auf die Kosten ausgeübt, die Preise zusätzlich sinken lassen und verstärkte Innovationsbemühungen ausgelöst. Zwar bedeutet ein schärferer Wettbewerb für die Betroffenen auch Nachteile; angesichts der Vorteile fällt dies jedoch nicht ins Gewicht.

Mit ihrem Eintritt in die Währungsunion geben die Teilnehmerstaaten einen wichtigen Teil ihrer nationalen Souveränität auf: sie treten das Recht, alleiniger Emitent von Geld zu sein, an die Europäische Notenbank ab. Für die Unternehmen und für die Bürger der Europäischen Union ist das deutlichste Kennzeichen der Währungsunion, daß nationales Geld schließlich wertlos wird und durch die einheitliche europäische Währung, den EURO, ersetzt wird. Der Vorteil des gemeinsamen Geldes bestünde in niedrigeren Kosten. Denn unterschiedliche Währungen ziehen Kosten nach sich wie solche aus dem Umtausch von Geld, aus der Fakturierung von Rechnungen in verschiedenen Währungen oder aus der Änderung von Wechselkursen.

Für den europäischen Binnenmarkt ist jedoch, anders als immer wieder behauptet wird, eine einheitliche Währung nicht erforderlich. Beim Binnenmarkt geht es nämlich um die Beseitigung von nationalen Maßnahmen, die, gewollt oder ungewollt, den Handel mit Waren oder Dienstleistungen, die Niederlassung von Unternehmen und Personen oder den Kapitalverkehr behindern. Dazu gehörten beispielsweise deutsche Vorschriften, nach denen es angeblich zum Schutz der heimischen Verbraucher und ihrer Gesundheit erforderlich war, daß ein bestimmter Likör aus Frankreich nicht importiert werden durfte, weil er etwas weniger Alkohol enthält als deutsche Liköre. Man kann es aber wohl getrost dem Verbraucher überlassen, ob er einen Likör mit geringerem Alkoholgehalt bevorzugen will. So hat der Europäische Gerichtshof entschieden, daß solche und ähnliche Vorschriften, die es in großer Zahl in allen Mitgliedsländern gab und noch gibt, gegen grundsätzliche Prinzipien des Binnenmarktes verstoßen. Die Vorschriften bewirken, daß einheimische Anbieter vor ausländischer Konkurrenz bewahrt werden, und bedeuten deshalb Wettbewerbsverzerrungen. Unterschiedliche Währungen verzerren den Wettbewerb dagegen nicht, weil Inländer wie Ausländer von den daraus resultierenden Kosten gleichermaßen betroffen sind.

Es ist natürlich immer wünschenswert, unnötige Kosten zu vermeiden, und insofern böte eine gemeinsame Währung Vorteile für alle Bürger und die Unternehmen in der Europäischen Union. Dem steht aber das Risiko gegenüber, daß die gemeinsame Währung weniger stabil ist als nationale Währungen, jedenfalls weniger stabil als die Währungen in den Ländern, in denen die Bürger aus ihrer Erfahrung heraus die Nachteile der Inflation hoch bewerten. So haben viele Menschen in Deutschland die Sorge, daß der EURO weniger stabil sein wird als die DM in fünf Jahrzehnten dank der Obhut der unabhängigen Deutschen Bundesbank. Geld ist mehr als die Grundlage einer modernen Wirtschaft. Eine gesunde Währung ist eine entscheidende Voraussetzung für die Stabilität der Gesellschaft. Auf dem Vertrauen, daß das Geld seinen Wert behält, bauen die Menschen ihre Zukunftspläne auf, einschließlich der Vorkehrungen für das Alter.

Allerdings soll auch die Europäische Notenbank, auf die sich die Regierungen in dem Vertrag von Maastricht verständigt haben, unabhängig sein: der Vertragstext sichert ihr sogar eine größere Unabhängigkeit zu als das deutsche Gesetz, das der Errichtung der Deutschen Bundesbank zugrunde liegt. Abgesehen von Marginalien könnte der Vertrag in dieser Hinsicht kaum verbessert werden. Entscheidend ist freilich nicht, welche Unabhängigkeit der Vertragstext der Notenbank verspricht, sondern wie ernsthaft die Europäische Notenbank das Ziel der Preisniveaustabilität verfolgen kann und verfolgen will.

Ein wichtiges Problem ist, daß die Europäische Notenbank – anders als die Deutsche Bundesbank – nicht in einen Verfassungsrahmen eingebunden ist, also in ein Regelwerk, mit dem die Rechte und die Pflichten der verschiedenen wichtigen Institutionen eines Staates festgelegt werden – auch die gegenseitige Kontrolle und der gegenseitige Schutz. Das liegt daran, daß die Vorstellungen darüber auseinandergehen, was die Europäische Union sein soll: ein staatliches Gebilde, in dem die Union die oberste, demokratisch legitimierte staatliche Ebene ist, oder eine eher locker zusammengehaltene Staatengemeinschaft mit wenigen oder keinen eigenen Kompetenzen für die Union. Von der politischen Einigung ist Europa auch nach dem Vertrag von Maastricht weit entfernt. An eine politische Union müßten die Nationalstaaten systematisch Souveränitätsrechte abtreten. Am besten rechtfertigen läßt sich die Tätigkeit des Zentralstaates dort, wo es um die Wahrnehmung solcher staatlicher Aufgaben geht, durch die alle Bürger gleichermaßen begünstigt werden und die deshalb gemeinsam finanziert werden müssen. Gerechtfertigt wäre die Tätigkeit eines europäischen Zentralstaates auch dort, wo die Wahrnehmung von Aufgaben durch ihn billiger wäre als die durch Mitgliedsstaaten.

Voraussetzung für die Verlagerung von Aufgaben an einen europäischen Zentralstaat ist allerdings, daß es jeweils ein Mindestmaß an europäischer Interessenidentität gibt, so daß die Aufgaben als gemeinsam empfunden werden. In den Kernbereichen, in denen Zuständigkeiten für eine politische Europäische Union in Frage kämen, beispielsweise in der Außenpolitik, der Verteidigungspolitik oder auch der Asylpolitik, scheint es aber unendlich schwer, Übereinstimmung herbeizuführen; das belegt z.B. das Verhalten gegenüber den Bürgerkriegsparteien im ehemaligen Jugoslawien: bis heute hat man sich auf eine gemeinsame Haltung nicht einigen können. Offenbar fehlt es auf entscheidenden Gebieten an Interessen, die über den nationalen Rahmen hinaus geteilt werden. Sehr viel leichter ist es da aus politischer Sicht wohl, eine Europäische Währungsunion zu beschließen.

Die Europäische Notenbank wird für nicht absehbare Zeit in einem Raum handeln, der verfassungsmäßig nicht ausgefüllt ist. Das macht sie für Druck vieler Art anfällig, und es ist von daher offen, wie preisstabil die künftige europäische Währung tatsächlich sein wird. Allerdings lassen die deutschen Erfahrungen hoffen: die Mitglieder des Zentralbankrates der Deutschen Bundesbank haben sich, gleich aus welchen Funktionen oder Parteien sie kamen, die Bewahrung der Stabilität der DM zu eigen gemacht, nachdem sie das Privileg erlangt, aber auch die Bürde übernommen hatten, unabhängig über die Geldpolitik zu bestimmen. Um mehr als eine Hoffnung geht es hier zunächst aber nicht. Die Deutsche Bundesbank fand stets auch die Unterstützung eines weit überwiegenden Teils der Bevölkerung für die Abwehr von Inflation, wenn die Regierungen es mit dem Geldwert nicht ganz so ernst nehmen wollten. Wird die Europäische Notenbank sich auf einen Stabilitätskonsens in der europäischen Bevölkerung berufen können?

In dem Vertrag von Maastricht ist allerdings als Aufgabe der Gemeinschaft ein „nichtinflationäres" Wachstum der Wirtschaft ausdrücklich niedergelegt. Der Vertrag sieht vor, daß nur Länder beitreten können, die im Vorfeld der Europäischen Währungsunion durch ihre Politik demonstriert haben, daß sie versprechen, auf eine gesunde gemeinsame Währung zu setzen. Die Kandidaten müssen *vier Kriterien* genügen. Die Währungsunion kommt vertragsgemäß nur zustande, wenn mindestens zwei Länder die Kriterien erfüllen. Vor dem 1. Juli 1998 ist mit qualifizierter Mehrheit des Europäischen Rates zu bestimmen, welche Länder die Kriterien erfüllen und die Währungsunion bilden. Drei der vier Kriterien betreffen direkt die Preisstabilität. *Erstens* dürfen die *Inflationsraten* im Jahr vor der Prüfung nur um höchstens eineinhalb Prozentpunkte größer gewesen sein als in den drei Ländern mit den geringsten Inflationsraten. *Zweitens* dürfen die *Kapitalmarktzinsen* in diesem Jahr nur um allenfalls zwei Prozentpunkte höher als die Zinsen in den drei Ländern mit den niedrigsten Inflationsraten gewesen sein. *Drittens* müssen sich die *Wechselkurse* in den zwei Jahren vor der Prüfung ohne große Spannung in der normalen Bandbreite des Europäischen Währungssystems gehalten haben. Die zweite und die dritte Bestimmung stellen im Grunde wiederum auf geringe Inflationsdifferenzen ab, also auf die erste Bestimmung. Denn (auch für die Zukunft erwartete) nahe beinanderliegende Inflationsraten sind eine Voraussetzung dafür, daß sich die Kapitalmarktzinsen nur wenig unterscheiden und die Wechselkurse stabil sein können.

Das Hauptinteresse gilt gegenwärtig dem vierten Kriterium. Nach ihm ist *eine auf Dauer tragbare Finanzlage der öffentlichen Hand* eine weitere Voraussetzung für die Teilnahme an der Europäischen Währungsunion. Eine solche Lage ist nach dem Vertrag (bzw. den ihm beigefügten Protokollen) durch zwei Referenzwerte gekennzeichnet, nämlich

- durch ein *Defizit in den öffentlichen Haushalten*, das im Verhältnis zum Bruttoinlandsprodukt nicht größer als 3 v.H. ist, und
- durch einen *Stand der öffentlichen Schulden* im Verhältnis zum Bruttoinlandsprodukt von nicht mehr als 60 v.H.

Maßgeblich sind die Daten für das Jahr 1997. Wären die Daten für 1996 ausschlaggebend gewesen, so wären die meisten Länder der Europäischen Union gescheitert, auch solche, die die drei anderen Kriterien erfüllen. Strikt genommen genügte im Jahr 1996 nur Luxemburg allen vier Kriterien, und Luxemburg hat noch nicht einmal eine eigene Währung. Griechenland entsprach keinem der vier Kriterien.

Im Grunde ist es für die künftige Stabilität des EURO und der Wirtschaft der Europäischen Union aus ökonomischer Sicht nicht entscheidend, ob die Referenzwerte für Haushaltsdefizit und Schuldenstand oder andere Werte bei Eintritt in die Europäische Währungsunion präzise eingehalten sind. Wie stabil der EURO sein wird, hängt allein von der Europäischen Notenbank ab.

Auch der Vertrag von Maastricht erfordert als Voraussetzung für die Teilnahme an der Währungsunion nicht, daß die Referenzwerte scharf eingehalten sind. Nach Artikel 104c (2) a) und b) des Vertrages kann das Defizitkriterium als erfüllt angesehen werden, wenn das Defizit „*erheblich und laufend zurückgegangen ist*" und die Nähe des Referenzwertes von 3 v.H. erreicht hat; es genügt auch, wenn das Defizit nur „*ausnahmsweise und vorübergehend*" den Referenzwert überschreitet. Der Schuldenstand muß nur „*hinreichend rückläufig*" sein und sich „*rasch genug*" dem Wert von 60 v.H. annähern.

Die Politik hat sich jedoch wiederholt darauf festgelegt, daß zumindest dem Referenzwert für das Defizit präzise genügt werden muß, wenn ein Land Mitglied werden will. In der Europäischen Währungsunion können die Mitgliedländer weiterhin allein über ihre Einnahmen und Ausgaben bestimmen. Je nachdem welche Finanzpolitik sie nach Eintritt in die Währungsunion betreiben, wie groß die Defizite in den öffentlichen Haushalten und wie hoch die Schulden sein werden, kann es aber beträchtliche Anreize geben, Druck auf die europäische Zentralbank auszuüben, einen lockeren geldpolitischen Kurs zu fahren und höhere Inflationsraten hinzunehmen. Aus diesem Grund sieht der Vertrag von Maastricht vor, daß die finanzpolitischen Kriterien und Referenzwerte auch nach Eintritt in die Währungsunion gelten. Mit der Verpflichtung, den Referenzwert für das Defizit bereits bei Eintritt in die Währungsunion genau einzuhalten, sollte das Vertrauen der Öffentlichkeit in die künftige gemeinsame Währung gewonnen werden. Es sollte sich daran zeigen, daß die Mitgliedländer, anders als früher häufig, in den Jahren unmittelbar vor Eintritt in die Währungsunion eine solide Politik betrieben haben. Dies lasse darauf schließen, daß sich die Verhaltensweisen geändert hätten und die Alleinzuständigkeit für die nationale Finanzpolitik keine Bedrohung für den Wert des EURO bedeute. Dies verleiht der Frage, ob der Referenzwert für das Haushaltsdefizit präzise eingehalten wird, ein besonderes politisches Gewicht.

In der Vergangenheit waren Regierungen immer wieder geneigt, durch zusätzliche Ausgaben die Konjunktur anzuregen, auch weil sie meinten, damit die Arbeitslosigkeit verringern zu können. Die Regierungen haben dazu höhere Defizite und kräftig steigende Schulden hingenommen. Es wurde auch Druck auf die Notenbanken zur Lockerung ihres Kurses ausgeübt, um der Wirtschaft mehr Geld zur Verfügung zu stellen. Die Inflation fiel regelmäßig höher aus als es sonst der Fall gewesen wäre. Das wurde von den Regierungen sogar bewußt in Kauf genommen, weil darin der Preis für ein rascheres Wachstum der Wirtschaft und geringere Arbeitslosigkeit gesehen wurde. Es läßt sich zwar zeigen, daß zumindest auf die mittlere Frist das Wachstum sogar gedämpft wurde, die Arbeitslosigkeit stieg. Das hat die Regierungen aber nicht gehindert, die Strategie zusätzlicher Staatsausgaben und vermehrten Geldes später wiederum zu probieren. Müßte damit gerechnet werden, daß Regierungen auch künftig solche Verhaltensweisen an den Tag legen, dann wäre auch zu befürchten, daß Druck auf die europäische Notenbank ausgeübt wird, eine lockere Geldpolitik zu betreiben und der Inflation keine besondere Aufmerksamkeit zu schenken.

Auf die steigenden Schulden sind in der Regel beträchtlich zunehmende Zinszahlungen zu leisten, die den Spielraum des Staates für sinnvolle, dringend erforderliche Ausgaben wie die für Bildung und Wissenschaft oder die Verkehrswege stark einengen können; geradezu dramatisch ist die Lage beispielsweise in Griechenland oder in Italien, wo 1995 28 v.H. bzw. 22 v.H. der gesamten öffentlichen Ausgaben für die Zahlung von Zinsen auf Staatsschulden geleistet werden mußten. Oder anders ausgedrückt: in Griechenland wie in Italien wurden jeweils reichlich ein Zehntel des Bruttoinlandsprodukts vom Staat allein dafür benötigt, Zinsen auf seine Schulden zu zahlen. Die Schuldenlast und die daraus resultierenden laufenden Zahlungen könnten in der künftigen Europäischen Währungsunion für einige Länder so groß werden, daß sie ihren Bürgern sehr hohe Abgaben zumuten müßten; das könnte zur wirtschaftlichen Verödung führen. Ist dies aus der Sicht der Gemeinschaft hinnehmbar? Wird nicht finanzielle Solidarität eingefordert werden? Wird unter solchen Umständen nicht vielleicht auch von den Ländern, deren Hilfe gefordert wird, Druck auf die Europäische Notenbank ausgeübt werden, einen lockeren Kurs zu fahren, und ihre Zinsen zu senken und mehr Inflation zuzulassen, um die Lage zu erleichtern?

Eines der zentralen Probleme der Währungsunion ist, daß die Mitgliedsländer keine eigene Währung mehr haben. Immer wieder hat es in der Vergangenheit in einzelnen Ländern aber schockartige Einwirkungen durch Entwicklungen auf dem Weltmarkt oder durch interne Kostenschübe gegeben, z.B. verursacht durch einen kräftigen Anstieg der Löhne. Um einem starken Anstieg der Arbeitslosigkeit zu begegnen und ihre internationale Wettbewerbsfähigkeit zu verbessern, haben die Länder ihre Währungen abgewertet – im jüngerer Zeit beispielsweise Italien, Portugal, Spanien, Großbritannien oder Schweden. Künftig gibt es weder Abwertungen noch eigene Notenbanken, die zu einer Politik lockeren Geldes überredet werden können. Auch deshalb könnten sich Regierungen veranlaßt sehen, durch vermehrte Staatsausgaben und höhere Defizite die Konjunktur anzuregen. Naheliegend ist es bei schockartigen Entwicklungen auch, finanzielle Hilfe von der Gemeinschaft, also von anderen Ländern, zu verlangen. Innerhalb der Europäischen Union gibt es schon heute eine Umverteilung finanzieller Mittel in großem Umfang. Nach Einführung der DM in den neuen Bundesländern, also der Verwirklichung der deutschen Währungsunion, sind dort die Löhne drastisch gestiegen. Das lohnpolitische Fehlverhalten hat zum Zusammenbruch großer Teile der Wirtschaft sowie zu gravierender Arbeitslosigkeit geführt und ist nun die Hauptursache dafür, daß der Aufholprozeß in Ostdeutschland ins Stocken geraten ist. Fortlaufende, umfangreiche finanzielle Hilfen für Ostdeutschland sind die Konsequenz. Ginge die Solidarität innerhalb Europas so weit, daß Steuerbürger des einen Landes für das etwaige Fehlverhalten in einem anderen aufkommen, wenn der Wechselkurs als Puffer ausfällt? Oder böte sich nicht auch hier eine lockere Geldpolitik als vermeintlicher Ausweg?

Aus den genannten Gründen ist es also wichtig, daß der Vertrag von Maastricht eine auf Dauer tragbare finanzielle Lage der öffentlichen Hand zur Voraussetzung für die Mitgliedschaft macht und finanzpolitische Referenzwerte festlegt. Im Vertrag ist sogar ein Sanktionsverfahren vorgesehen, nach dem Mitgliedsländer, die die Referenzwerte nicht einhalten, mit finanziellen Strafen belegt werden können. Dieser Sanktionsmechanismus ist jedoch außerordentlich schwach und umständlich, und es hängt von politischen Entscheidungen ab, ob es zu Sanktionsmaßnahmen überhaupt kommt. Deshalb hat das Institut für Weltwirtschaft schon vor längerem vorgeschlagen, ein Verfahren automatischer Sanktionen und empfindlicher Strafen zu beschließen. Auf deutsches Drängen ist der Mechanismus nach dem Vertrag von Maastricht nun präzisiert, die Verfahrensdauer abgekürzt und sind spürbare, in ihrer Höhe freilich begrenzte Sanktionen verabredet worden. Automatische Sanktionen wird es allerdings nicht geben, und es ist zu befürchten, daß politische Tauschgeschäfte dazu führen, Verfahren gar nicht erst in Gang zu setzen oder abzubrechen.

Meine Prognose ist, daß die Europäische Währungsunion zum 1. Januar 1999 beginnen wird, obwohl die finanzielle Lage fast aller Mitgliedsstaaten der Europäischen Union auf die Dauer nicht tragbar ist. Das zeigt die öffentliche Verschuldung. Sie hat sich im Zeitablauf beträchtlich erhöht. Bezogen auf das Bruttoinlandsprodukt hat sie im Durchschnitt der fünfzehn EU-Länder von 1980 bis 1992 von 38 v.H. auf 60 v.H. zugenommen; seit 1992, also nach Abschluß des Vertrages von Maastricht und nachdem die Beschlüsse zur Errichtung der Währungsunion getroffen waren, ist die Verschuldung weiter auf 74 v.H. (1996) gestiegen, und in vielen Ländern sogar kräftig. In jüngster Zeit, also im unmittelbaren Vorfeld der Währungsunion, ist sie aber oft gesunken. Denn nach dem Vertrag von Maastricht kann bereits ein rückläufiger Stand der Schulden für den Eintritt in die Währungsunion qualifizieren. Deutschland wird jedoch 1997 wie in den zurückliegenden Jahren einen zunehmenden Schuldenstand haben. Das wird jedoch an der Teilnahme nicht hindern, weil die deutsche Vereinigung als Sondertatbestand anerkannt werden wird.

Die Kommission der Europäischen Gemeinschaften hat kürzlich vorhergesagt, daß mit der Ausnahme Griechenlands und Italiens alle Länder den Referenzwert von 3 v.H. für das Defizit in öffentlichen Haushalten in diesem Jahr einhalten werden. Zwar sind erhebliche Anstrengungen in vielen Ländern nicht zu verkennen, die Fehlbeträge tatsächlich zu verringern. Doch sind zu diesem Zweck fast überall Steuern und sonstige Abgaben erhöht worden. Das Europäische Währungsinstitut kritisiert deshalb zurecht, daß dies kein Zeichen für eine dauerhaft tragbare Lage der öffentlichen Haushalte sei und mahnt ernsthafte Reformbemühungen und Kürzungen der Ausgaben an. Eine besondere Variante der Abgabeerhöhungen ist die auf das Jahr 1997 beschränkte Europasteuer, die in einem Land der Europäischen Union eingeführt worden ist und in den Folgejahren zurückgezahlt werden soll. Andere Länder greifen zur sogenannten kreativen Buchführung und gliedern beispielsweise Bereiche aus dem Sektor Staat aus, die hohe Schulden aufweisen oder große Defizite haben; sie werden nun dem Unternehmenssektor zugerechnet. Den öffentlichen Haushalten werden zudem erkennbar äußerst optimistische Annahmen über den Verlauf der Konjunktur, die Zunahme der staatlichen Einnahmen und der Ausgaben zugrunde gelegt, die sich im Verlauf des Jahres als unhaltbar erweisen dürften. Der Referenzwert des Vertrages dürfte, auch dank weiterer Innovationen in den öffentlichen Haushalten, dennoch zumeist erreicht oder nur leicht verfehlt werden. Eine gute Finanzpolitik und eine auf Dauer tragbare Lage der öffentlichen Haushalte sind damit aber nicht bewiesen, und die Startbedingungen für die Europäische Währungsunion sind schlechter als die bloßen Zahlenwerte es glauben machen sollen. Es wäre besser, die Währungsunion würde später beginnen. Damit würde das Projekt nicht gänzlich aufgegeben, wie häufig behauptet wird; im Gegenteil, es könnte mit mehr Glaubwürdigkeit starten. Meine Vermutung ist, daß die Währungsunion nicht aufgeschoben werden wird. Sie wird zum 1. Januar 1999 mit fast allen Mitgliedern der Europäischen Union beginnen.

Nachdem die Entscheidung getroffen worden ist, die Währungsunion zu starten, und die Mitglieder benannt worden sind, wird mit der Herstellung der EURO-Banknoten und -Münzen begonnen. Noch vor dem 1. Januar 1999, also dem eigentlichen Beginn der Union, wird bekannt gegeben werden, wann der EURO eingeführt werden wird. Zum 1. Januar 1999 werden die Wechselkurse der Währungen der Mitgliedsländer zum EURO unwiderruflich festgelegt; Auf- und Abwertungen sind dann nicht mehr möglich. Ab diesem Termin wird im bargeldlosen Zahlungsverkehr der EURO eingeführt, öffentliche Anleihen werden in EURO aufgelegt und es fängt der Umtausch nationaler Währungen in EURO an. Spätestens zum 1. Januar 2002 wird der EURO als allgemeines Zahlungsmittel durchgesetzt. Spätestens zum 1. Juli 2002 heißt es dann Abschied von der DM nehmen, dann hört sie auf, gesetzliches Zahlungsmittel zu sein. Die nationalen Banknoten und Münzen werden danach eingezogen, und alle Zahlungen haben nur noch in EURO zu erfolgen.

Man kann für die europäische Einigung sein und dennoch die rasche Verwirklichung Währungsunion für falsch halten. Die Währungsunion kann sich nämlich als eine große Belastung des Einigungsprozesses erweisen. Sollte es dazu kommen, daß Bürger aus einzelnen Mitgliedsländern deutlich höhere Steuern zahlen müssen, damit Mittel anderen Ländern zur Verfügung gestellt werden, dann mag der Nutzen der Europäischen Union ernsthaft bezweifelt werden, und ebenso kann es sich verhalten, wenn die Inflation künftig hoch ist. Es ist ganz offensichtlich, daß Europa zusammenwächst, und viele Dinge sind heute selbstverständlich, die es früher nicht waren. Der kommenden Generation wird eine gemeinsame europäische Währung möglicherweise ebenso selbstverständlich sein. Aber vielen heute lebenden Menschen ist sie es nicht, auch weil sie ganz unterschiedlichen Wert auf stabiles Geld legen und ihre jeweils eigenen Erfahrungen mit Inflation haben. In Deutschland hat die Inflation im Gefolge des Ersten Weltkrieges den Mittelstand vernichtet und das Aufkommen des Nationalsozialismus ermöglicht, der wiederum zum Ergebnis hatte, daß viele Menschen nach dem Zweiten

Weltkrieg alles verloren. Bürgern in anderen Ländern mag Inflation nicht so bedrohlich erscheinen, weil sie niemals das Ausmaß angenommen hat wie in Deutschland; sie mögen – zurecht oder zu unrecht – eher mehr Inflation tolerieren als den harten Kurs, den die Regierungen nun einschlagen, um die Kriterien des Vertrages von Maastricht zumindest näherungsweise erfüllen zu können. Auch dies belastet den europäischen Einigungsprozeß, weil die Gründe für das Handeln der eigenen Regierung nicht selten in dem Druck gesucht werden, den angeblich Deutschland ausübt, um finanzielle Disziplin und niedrige Inflationsraten auch gegen die Vorstellungen in anderen Ländern zu erzwingen.

Unstrittig sollte sein, daß völlig unabhängig von dem Vertrag von Maastricht und seinen Kriterien fast alle Mitgliedsländer der Europäischen Union den Anstieg der Staatsausgaben kräftig dämpfen, die Haushaltsdefizite verringern, den Schuldenstand zurückzuführen und vor allem, das ist letztlich das Ziel, die Abgabenbelastung senken müssen. Im globalen Wettbewerb der Standorte um Investitionskapital und andere mobile Produktionsfaktoren ist Europa beträchtlich zurückgefallen, wie der Trend zu geringeren Wachstumsraten der Wirtschaft und zu steigender Arbeitslosigkeit belegt. So besteht immerhin ein schwerwiegendes Verdienst des Vertrages von Maastricht und seiner Kriterien darin, daß er auch eine Diskussion darüber ausgelöst hat, wie die Standortqualität der Mitgliedsländer der Europäischen Union verbessert werden kann. Die Kombination aus großen laufenden Defiziten, hohem und steigenden Schuldenstand sowie umfangreicher und immer weiter wuchernder Staatstätigkeit signalisiert sicherlich keine besondere Standortgüte.

Die Sorgen der Menschen um die Stabilität des gemeinsamen Geldes müssen ernst genommen werden. Und es muß auf die Gefahren hingewiesen werden, damit Fürsorge getroffen werden kann. Sicherlich kann sich der EURO als eine stabile Währung erweisen, zumal die Menschen in vielen Ländern die Vorteile niedrigerer Inflationsraten schätzen gelernt haben. Jedoch schließt dies das Risiko einer höheren Inflation nicht aus. Die Politik spielt gegenüber der Öffentlichkeit das Risiko beharrlich herab. Es wird auf die verschiedenen Vorkehrungen innerhalb des Vertrages von Maastricht und in Ergänzung dazu verwiesen, mit denen die Stabilität des EURO gesichert werden soll. Tatsächlich läßt sich das Risiko letztlich nicht ausräumen, daß die gemeinsame Währung weniger stabil als die DM sein wird, und die Bürger spüren, daß dieses Risiko sehr wohl existiert. Gerade wer für den EURO werben will, sollte sich um Offenheit bemühen. Die Bürger erwarten Aufklärung, nicht lediglich eine Aufzählung tatsächlicher oder vorgeblicher Vorteile des EURO. Die Politik ist selbst wohl die Quelle eines erheblichen Teils der Vorbehalte gegenüber dem EURO.

Thomas Elsenbroich, Günther Schnorrenberg

Der Euro – Pro und Contra

Einleitung

Am 7. Februar 1992 wurde der zuvor in Maastricht ausgehandelte „Vertrag über die Europäische Union" von den Staats- und Regierungschefs der Europäischen Union unterzeichnet. Kernstück des Vertrages ist die Europäische Wirtschafts- und Währungsunion, die „ein beständiges, nichtinflationäres und umweltverträgliches Wachstum, einen hohen Grad an Konvergenz der Wirtschaftsleistungen, ein hohes Beschäftigungsniveau, ein hohes Maß an sozialem Schutz, die Hebung des Lebensstandards und der Lebensqualität, den wirtschaftlichen und sozialen Zusammenhalt und die Solidarität zwischen den Mitgliedsstaaten .... fördern soll" (neu gefaßter Artikel 2 des EWG-Vertrages).

Um diesen Zweck zu fördern, sollen die Partnerländer ihre Wirtschaftspolitik eng koordinieren, die Geldpolitik am Ziel der Geldwertstabilität ausrichten und auf stabile Wechselkurse achten. Bei den öffentlichen Finanzen soll Haushaltsdisziplin gewahrt werden, der marktwirtschaftliche Wettbewerb soll gefördert und die Kapitalmärkte auch gegenüber Drittländern liberalisiert werden.

Die ärmeren EU-Länder haben außerdem im Vertrag von Maastricht die Einrichtung eines Kohäsionsfonds verankert, der mit den schon bestehenden Strukturfonds für Agrar-, Sozial- und Regionalpolitik den wirtschaftlichen und sozialen Zusammenhalt fördern soll.

Zum 1. Januar 1999 soll die Europäische Währungsunion errichtet werden mit einer unwiderruflichen Fixierung der Wechselkurse zwischen den beitretenden Staaten. Gleichzeitig wird eine unabhängige Europäische Zentralbank (EZB) errichtet, die dann für die einheitliche Geldpolitik in allen beteiligten Staaten der Währungsunion allein zuständig ist. Spätestens zum 1. Januar 2002 werden in den Teilnehmerstaaten der Währungsunion die nationalen Banknoten und Münzen gegen Banknoten und Münzen der neuen Europäischen Währung ausgetauscht.

Eine Währungsunion ist jedoch nur vorteilhaft, spannungsfrei und stabil, wenn die wirtschaftlichen Strukturen der beteiligten Länder vergleichbar sind und die monetären Verhältnisse sowie die fiskalischen Verhaltensweisen in den Nationalstaaten ähnlich sind. Deshalb dürfen an der Währungsunion nur die Staaten teilnehmen, die die sog. Konvergenzkriterien erfüllen, die in einem Protokoll zum Maastricht-Vertrag präzisiert worden sind (Protokoll über die Konvergenzkriterien nach Artikel 109 j des Vertrages zur Gründung der Europäischen Gemeinschaft).

Hierbei handelt es sich um die folgenden fünf Kriterien:

1. *Wechselkurse:* Einhaltung der normalen Bandbreiten des Wechselkursmechanismus des EWS seit mindestens zwei Jahren ohne Abwertung gegenüber der Währung eines anderen Mitgliedstaates.
2. *Inflationsrate*: Die Inflationsrate darf nicht mehr als 1,5 Prozentpunkte über der Inflationsrate der drei preisstabilsten Länder liegen.
3. *Zinsen:* Die langfristigen Zinssätze dürfen nicht höher sein als 2 Prozentpunkte über den langfristigen Zinsen in den drei stabilsten Ländern.
4. *Schuldenstand:* Der öffentliche Schuldenstand darf nicht höher sein als 60% des Bruttoinlandsprodukts.
5. *Defizitquote:* Das Budgetdefizit darf nicht größer sein als 3% des Bruttoinlandsprodukts.

Jeder einzelne Indikator ist für sich betrachtet nur von geringem Aussagewert und liefert keinen eindeutigen Beweis für die Stabilität eines Landes. Alle Indikatoren müssen deshalb im Zusammenhang bewertet werden, wobei man sich jedoch über die mit ihnen verbundene Unschärfe im Klaren sein muß (Sarrazin 1997). Anfang 1998 entscheidet der sich aus den Staats- und Regierungschefs zusammensetzende Europäische Rat mit qualifizierter Mehrheit darüber, welche Mitgliedstaaten die notwendigen Voraussetzungen für den Beitritt zur Europäischen Währungsunion erfüllen. In letzter Konsequenz erfolgt damit ein allgemeines politisches Bewertungsverfahren, das keine Garantie darstellt für einen stabilitätsgerechten Start in die Währungsunion (Jochimsen 1994).

Die möglichen Auswirkungen einer Währungsunion sind in der Bevölkerung, im politischen Bereich und in der Wissenschaft umstritten. Im folgenden sollen die wesentlichen Argumente pro und contra Währungsunion gegenübergestellt werden für die Bereiche Wachstum, Beschäftigung, Preisniveaustabilität und Öffentliche Finanzen.

Wachstum und Beschäftigung

Pro	Contra
Entfallende Kosten der Wechselkursschwankungen fördern die Kapitalbildung in den Teilnehmerstaaten Wechselkursveränderungen zwischen den europäischen Währungen im Rahmen der EWS sind positiv zu beurteilen, soweit sie als Anpassungsmechanismus für unter-	**Die Unsicherheit bei Investitionsentscheidungen steigt in der Übergangsphase** Zur Zeit ist fraglich, ob überhaupt, gegebenenfalls wann und mit welcher Beteiligung eine Währungsunion gebildet werden kann.

schiedliche Entwicklungen der fundamentalen Rahmenbedingungen dienen. Es hat sich jedoch gezeigt, daß Glaubwürdigkeitsprobleme der Geld- und Währungspolitik einzelner Staaten ein Spekulationspotential gegen die Währungen von Staaten mit gesunden Fundamentaldaten mobilisieren können, das die Investitionsbereitschaft der Zentralbanken übersteigen kann (Lesch 1994).
Wechselkursunsicherheiten haben unmittelbaren Einfluß auf das Investitionsverhalten der Unternehmen. Nach der Kapitalwertmethode sind Investitionsmaßnahmen vorteilhaft, wenn die abgezinsten Einzahlungsüberschüsse während der Nutzungsdauer die Investitionsausgabe übersteigen. Die Nettorückflüsse grenzüberschreitender Investitionen sind einem Wechselkursrisiko ausgesetzt und daher unsicher. Bei der Beurteilung von Projekten werden die Unternehmer entweder diese Wechselkursrisiken durch Kurssicherungsgeschäfte, die allerdings ihrerseits Kosten verursachen, vermeiden oder sie bei der Berechnung, beispielsweise in Form eines Risikozuschlags auf den Kalkulationszinssatz, berücksichtigen.
Unveränderlich feste Wechselkurse bzw. eine einheitliche Währung verringern das Investitionsrisiko. Dies hat einen positiven Einfluß auf das Wirtschaftswachstum.

Glaubwürdigkeitsprobleme wirft zudem die Phase „unwiderruflich" fixierter Wechselkurse in der dritten Stufe der Verwirklichung der Währungsunion auf, in der an den Devisenmärkten Erwartungen eines letzten Realignments zu spekulativen Attacken führen können (De Grauwe 1994). Abgesehen von den daraus entstehenden Risiken für Investoren verbleiben Unsicherheiten auch nach erfolgter Bildung einer Währungsunion. Mit der EZB tritt ein neuer wirtschaftspolitischer Akteur auf das Parkett, dessen geldpolitische Linie sich erst herausbilden muß.
Weiterhin ist derzeit offen, wie sich die Währungsunion auf die Finanzpolitik der Mitgliedsstaaten und das Verhalten der Tarifpartner auf nationaler Ebene auswirkt. Somit sind die für die Investitionsentscheidungen relevanten währungs- und geldpolitischen Rahmenbedingungen durch das Währungsunionprojekt unsicherer geworden. Diese Unsicherheiten stellen eine Wachstumsbreme für die EU-Staaten dar, da die Investitionsneigung das Unternehmen beeinträchtigt wird.

Sinkende Transaktionskosten fördern den Wettbewerb und erleichtern das Ausnutzen von Spezialisierungsvorteilen
Die Transaktionskostenersparnis für Geldumtausch und Kurssicherung wird von der Kommission der Europäischen Gemeinschaften auf 0.3-0,5% des europäischen BIP geschätzt (Kommission der Europäischen Gemeinschaften 1990), das Ifo-Institut hat in einer jüngeren Untersuchung sogar einen Wert von 0,8% ermittelt, was einer Ersparnis von ca. 48 Mrd ECU entsprechen würde (Börsenzeitung 29.3.97) Die Kostenreduktionen entlasten Unternehmen, die bereits grenzüberschreitend anbieten, Für andere Unternehmen wird durch sie der relevante Markt vergrößert, so daß Skaleneffekte verstärkt genutzt werden können. Dadurch werden in eini-

Kosten der Umstellung stellen eine erhebliche Belastung für Staat und Unternehmen dar
Eine methodisch exakte Kosten-Nutzen-Analyse zu Vor- und Nachteilen des Währungsunionsprojekts liegt bisher nicht vor. In einer solchen Analyse müßten den dargestellten Vorteilen in Form verringerter Unsicherheits- und Transaktionskosten, sowie sie denn eintreten sollten, die Kosten gegenübergestellt werden, die die Umstellung im privaten und öffentlichen Sektor erfordert. Hier wäre beispielsweise an die Umstellung der finanzwirtschafltich relevanten Software-Programme, an den Umbau von Münzautomaten und an die Anpassung laufender Verträge mit finanziellen Inhalten zu denken.
Die Entlastung für den Unternehmenssek-

gen Branchen der innergemeinschaftliche Handel und damit der Wettbewerb intensiviert. Letzterer stellt eine wesentliche Bestimmungsgröße des technischen Fortschritts und damit letztlich des Wachstums dar.
Die Standortwahl der Unternehmen wird innerhalb der Währungsunion nicht mehr von geld- und währungspolitischen Aspekten beeinflußt und kann sich stärker an den realwirtschafltichen Rahmenbedingungen ausrichten. Somit können die Vorteile einer verstärkten Arbeitsteilung zwischen den Mitgliedsstaaten genutzt werden.

tor aus dem Wegfall von Geldwechsel- und Überweisungskosten kürfte jedoch aufgrund des bereits heute von vielen Unternehmen angewendeten Nettoverrechnungsprinzips relativ gering sein (Rübel 1996)

Asymmetrische Schocks sind in der Europäischen Währungsunion unproblematisch

Schocks sind relativ starke und schnelle Änderungen der Angebots- und Nachfragebedingungen durch z.B. veränderte Konsumentenpräferenzen, neue Produktionstechnologien oder terms-of-trade-Veränderungen. Asymmetrisch sind diese Schocks dann, wenn die Regionen innerhalb der Währungsunion unterschiedlich stark davon betroffen sind.
Kostenfaktor einer Währungsunion ist die entfallende Anpassungsmöglichkeit an asymmetrische Schocks mittels Veränderung des Wechselkurses. Für die europäische Währungsunion stellen asymmetrische Schocks kein größeres Problem dar. Zunächst entfallen mit Vereinheitlichung der Geldpolitik und dem Wegfall der Wechselkursschwankungen wesentliche Ursachen für Schocks. Aufgrund des größeren Gewichts des Euro-Blocks auf den Devisenmärkten ist auch zu vermuten, daß die Schwankungen des Euro gegenüber US-Dollar und Yen abnehmen (Sarrazin1997).
Desweiteren besteht zwischen den Teilnehmerstaaten eine hinreichende „Ähnlichkeit", so daß sich eventuelle Schocks relativ gleichmäßig auf die Mitgliedsstaaten der EU auswirken, insbesondere wenn man mit den Benelux-Staaten, Frankreich, Deutschland, Dänemark, Irland und Österreich den Kreis der wahrscheinlichsten Teilnehmer betrachtet (Sarrazin 1997).

Asymmetrische Schocks führen zu regional unterschiedlichen Wachstumsraten

Während in den vorangegangenen Punkten einmalige Nachteile in der Umstellungsphase angesprochen wurden, stellt die verminderte Fähigkeit der Anpassung an asymmetrische Schocks ein systemimmanentes Problem einer Währungsunion dar. Die Wahrscheinlichkeit des Auftretens asymmetrischer Schocks sinkt mit der Ähnlichkeit und dem Diversifikationsgrad der Produktionsstrukturen.
Eine Anfälligkeit für asymmetrische Schocks wäre in einer europäischen Währungsunion besonders groß, wenn neben Deutschland, Frankreich, Dänemark und den Benelux-Staaten weitere Länder teilnehmen würden (Bayoumi, Eichengreen, 1993). Darüber hinaus machen sinkende Transaktionskosten im innergemeinschaftlichen Handel die Konzentration auf wenige Produktionsstandorte attraktiver (Rübel, 1996), wobei standortspezifische Kostenvorteile und externe Effekte der räumlichen Konzentration an Bedeutung gewinnen und somit eine regionale Spezialisierung begünstigt wird (Krugman, 1993).
Wenn nun daher die Anfälligkeit der Regionen für asymmetrische Schocks steigt, stellt sich die Frage, welche Anpassungsmechanismen den Regionen zur Verfügung stehen. Die im derzeitigen Währungssystem existierende Anpassungsmöglichkeit über eine Veränderung der Wechselkurse entfällt. Alternativ kann die Anpassung

Verbleibende Ungleichgewichte lassen sich über eine an der Produktivität orientierte Lohnpolitik auffangen (Siebert 1997).
Sofern Nominallöhne nach unten flexibel sind, können Regionen, die negativ von Angebots- oder Nachfrageschocks betroffen sind, über niedrige Faktorpreise neue, zukunftsträchtige Industrien anziehen und mittelfristig mit den Wachstumsraten von Regionen mit aktuell günstigerer Wirtschaftsstruktur Schritt halten (Krugman 1993).
Lohnflexibilität und eine gewisse Mobilität der Arbeitnehmer in den Teilnehmerstaaten dürften als Anpassungsmechanismen somit ausreichen.

über Mobilität der Produktionsfaktoren und/oder über flexible Lohn- und Preisbildung erfolgen (Dornbusch 1996).
Die hohen Arbeitslosenraten in Europa deuten jedoch auf mangelnde Flexibilität der Arbeitsmärkte hin (Schmidt, Straubhaar, 1995). Bei geringer Mobilität der Arbeitskräfte bei gleichzeitiger Nominallohnrigidität führen Schocks zu lang andauernden Anpassungsprozessen mit einem wachstumsschädlichen und sozialpolitisch bedenklichen Anstieg der Arbeitslosigkeit.
Sollte die Mobilität der Arbeitskräfte trotz sprachlicher und kultureller Barrieren in der EU ansteigen, ist ebenfalls ein Auseinanderdriften der regionalen Wachstumsraten zu erwarten. Da Wanderungen statt flexibler Faktorpreise die Anpassung an Schocks bewirken, fehlt jeglicher Grund, daß die regionalen Sozialprodukte und die Beschäftigung konvergieren (Krugmann 1993).

Erhöhtes Wachstum schafft zusätzliche Arbeitsplätze
Über die Produktionsfunktion sind Güter- und Arbeitsmarkt miteinander verknüpft. Die durch die verbesserten Angebotsbedingungen und den erhöhten Wettbewerb induzierte Belebung der ökonomischen Aktivität wird folglich auf die Arbeitsmärkte durchschlagen und hier zu einer dringend benötigten Entlastung führen. Besonders für die Bundesrepublik sind Vorteile zu erwarten, da in der Vergangenheit die nationale Zurückhaltung der Gewerkschaften bei den Lohnforderungen regelmäßige Aufwertungen und letztlich eine dauerhafte Überbewertung der DM gegenüber den Währungen wichtiger Handelspartner bewirkt hat (Sarrazin 1997).

Wachstum und Beschäftigung sind weitgehend entkoppelt
Wachstum, sollte es durch die Währungsunion induziert werden, führt nicht zwangsläufig zu einer höheren Beschäftigung.
Die Schaffung zusätzlicher Arbeitsplätze hängt in erster Linie davon ab, inwieweit auf den Arbeitsmärkten die Vereinbarung markträumender Löhne gelingt. Die durch die einheitliche Währung entstehende Transparenz bezüglich der nationalen Lohnunterschiede könnte Anlaß für Fehlentwicklungen in der kollektiven Lohnfindung sein. Sollten die Gewerkschaften das Ziel verfolgen, Lohnunterschiede in der EU zu nivellieren, steigt der Lohnkostendurch in Regionen mit geringerer Arbeitsproduktivität, was dort zwangsläufig zu steigender Arbeitslosigkeit führen wird (Sarrazin 1977). Ein in dieser Hinsicht anschauliches Beispiel liefert die Entwicklung in den neuen Bundesländern nach der deutschen Währungsunion (Lüdeke 1994).

Preisniveaustabilität

Pro	Contra
Die preisniveaustabilität wird durch die EZB sichergestellt Dauerhafte Inflationsprozesse sind nur bei einer üppigen Geldversorgung durch die Zentralbank denkbar. Es ist daher zu fragen, inwieweit die institutionellen Regelungen für die Europäische Zentralbank (EZB) am Ziel der Preisniveaustabilisierung orientiert sind. Die Regelungen über die Satzung der EZB sind eng an das Bundesbankgesetz angelehnt, teilweise gehen die europäischen Regelungen sogar darüber hinaus. Der Auftrag der EZB ist die Sicherung der Preisstabilität und damit eindeutiger formuliert, als die entsprechende Regelung im Bundesbankgesetz, wo von der unterschiedlich interpretierbaren „Sicherung der Währung" die Rede ist. Formal ist die Unabhängigkeit der EZB von Weisungen der politischen Instanzen in Art.107 EGV klar geregelt. (Unzulässige) Versuche der Einflußnahme werden durch die relative Schwäche der Legislative und Exekutive auf europäischer Ebene deutlich schwerer sein als heute auf nationaler Ebene (Buiter, Corsetti, Roubini 1993; Sarrazin 1997). Die Gefahr, daß die Politik die Zentralbank zu einer Monetisierung der Staatsschuld drängt, ist daher zu vernachlässigen. Die Dauerhaftigkeit dieser institutionellen Rahmenbedingungen wird durch eine Satzung gewährleistet, die auf Ebene der EU nur durch einstimmig zu ratifizierende Verträge geändert werden kann. Das Bundesbankgesetz hingegen könnte als einfaches Gesetz jederzeit mit einfacher Mehrheit geändert werden. Daher sind alle Vorkehrungen getroffen worden, die dafür sorgen werden, daß der Euro „stark wie die Mark" wird (Bundesministerium der Finanzen, 1996).	**Die Sicherung der Preisniveaustabilität ist fraglich** Die formalen Satzungsregelungen zur Tätigkeit der EZB sind stabilitätsorientiert ausgelegt. Die Geldpolitik ergibt sich jedoch letztlich nicht aus der Summe der entsprechenden Rechtsnormen, sondern aus den konkreten Entscheidungen der geldpolitisch verantwortlichen Personen. Durch die Präsidenten der nationalen Zentralbanken sind alle Länder, die an der Währungsunion beteiligt sind, im obersten Entscheidungsgremium, dem EZB-Rat, beteiligt. In den Mitgliedsländern ist die Bedeutung, die der Preisniveaustabilität beigemessen wird, aber unterschiedlich stark ausgeprägt. Trotz formaler Weisungsunabhängigkeit der Präsidenten der nationalen Zentralbanken stellt die Wiederwahlmöglichkeit einen Anreiz dar, sich bei der geldpolitischen Entscheidungsfindung an nationalen Interessen zu orientieren. Der Druck der zu erwartenden Beschäftigungsprobleme wird die Diskussion innerhalb des EZB-Rates auf den möglichen Trade-off zwischen Inflation und der Beschäftigung im Sinne der Phillips-Kurve lenken. Das Geldangebot in der Währungsunion wird letztlich das Ergebnis eines Aushandlungs- und Abstimmungsprozesses sein, der einen Kompromiß aus den verschiedenen Vorstellungen darstellen wird. Die Stabilität des Euro wird daher kaum die Stabilität der härtesten Währungen im EWS aufweisen können.

Öffentliche Finanzen

Pro	Contra
Die Fiskalkriterien gewährleisten eine ökonomisch vernünftige Fiskalpolitik Notwendige Maßnahmen zur Haushaltskonsolidierung werden in den beitrittswilligen Ländern durch die Fiskalkriterien politisch durchsetzbar. Eine Rückführung der Staatsverschuldung führt zu sinkenden Zinsen. Davon profitiert nicht nur der Staat, der Milliardenbeträge an Zinszahlungen spart. Profitieren werden auch private Investoren, die billiger an das benötigte Fremdkapital kommen. Eine Verringerung der Staatsverschuldung wird mittel- und langfristig dazu führen, daß die Wirtschaftssubjekte mit zukünftigen Steuersenkungen rechnen, dies als positiven Vermögenseffekt interpretieren und ihre Nachfrage hierdurch steigt. Der belebende Effekt auf die Gesamtwirtschaft ist um so höher, je radikaler und glaubwürdiger die Haushaltssanierung in Angriff genommen wird (Ohr, 1996). Staatliches Sparen ist deshalb keine Schreckensmeldung, sondern eine ermutigende und vertrauensbildende Maßnahme für die Zukunft (Hanke,1996).	**Die Fiskalkriterien sind kurzfristig schädlich und langfristig nutzlos** Die beitrittswilligen Länder werden durch die Fiskalkriterien unter großen politischen und ökonomischen Druck gesetzt, um durch das Nadelöhr Maastricht zu kommen. Die Konsolidierung der Staatsfinanzen ist jedoch zu einem großen Teil vergeblich. Sie dämpft das Wirtschaftswachstum, erhöht die Arbeitslosigkeit und erzeugt neue Haushaltslöcher. Wenn Bund, Länder und Gemeinden einerseits und die großen europäischen Länder andererseits gleichzeitig sparen, droht ein gefährlicher „Overkill“ der Sparpolitik. Europa marschiert damit im Gleichschritt in die Rezession (Piper, 1996). Die zunehmende Arbeitslosigkeit verursacht erhöhte Kosten in den Folgejahren. Darüber hinaus versuchen viele Länder, durch Haushaltsmanipulationen, Buchungstricks und Verlagerung von Ausgaben in die Folgejahre ihre Staatsverschuldung zu reduzieren, um der Währungsunion beitreten zu können. Die Einhaltung der Verschuldungsgrenzen für 1997 garantiert daher keineswegs eine solide Finanzpolitik in der Zukunft. Vielmehr ist zu befürchten, daß nach Beitritt zur Währungsunion der alte Schlendrian wieder einsetzt und die Stabilität in der Europäischen Währungsunion durch exzessives Ausgabeverhalten der Mitgliedsstaaten gefährdet wird.
Ein Haftungsausschluß der Partnerländer ist Voraussetzung für eine solide Finanzpolitik in der Währungsunion Voraussetzung für eine stabilitätskonforme Budgetpolitik nach Bildung der Währungsunion ist, daß die negativen Folgen exzessiver Verschuldung auf der Ebene der Teilnehmerstaaten spürbar bleiben und nicht auf die Gemeinschaft überwälzt werden können. Daher ist eine europaweite Solidarhaftung für öffentliche Bankrotteure auszuschließen. Dies wird erreicht durch Artikel 104 b, Absatz 1 des Vertrages von Maastricht („no-bailout-Klausel“), in dem	**Ein Haftungsausschluß der Partnerländer ist unglaubwürdig** Sollte ein Teilnehmerstaat durch unsolide Verschuldungspolitik zahlungsunfähig werden, ist trotz aller Lippenbekenntnisse ein Haftungsausschluß der Partnerländer unwahrscheinlich. Der politische Schaden und die zu befürchtenden Irritationen auf den Kapitalmärkten würden die Partnerländer veranlassen, einen Staatsbankrott durch finanzielle Unterstützungen abzuwenden. Zudem versteht sich die Europäische Union explizit als

im Fall der Insolvenz einer Regierung eine Solidarhaftung aller an der Währungsunion beteiligten Staaten ausgeschlossen wird (Ohr, 1996).

Solidargemeinschaft, die z.B. im Zuge des Vertrages von Maastricht einen zusätzlichen Transferfonds (Kohäsionsfonds) geschaffen hat.
Wenn ein Haftungsausschluß aber unglaubwürdig ist, so werden auch Länder mit einem sehr hohen Defizit keine fühlbaren Konsequenzen zu tragen haben. Die Verschuldungsbereitschaft wird dann nicht abnehmen (Ohr, 1996).

Höhere Zinsen bei übermäßiger Staatsverschuldung führen zu einer Disziplinierung der Partnerländer

In der Währungsunion wird sich eine neue Stabilitätskultur entwickeln. Die Kapitalmärkte werden Euro-Anleihen von unsoliden Partnerländern mit Risikozuschlägen belegen, wenn abzusehen ist, daß das betreffende Land seine Finanzprobleme nicht meistern kann. Dagegen ist nicht zu erwarten, daß eine unsolide Haushaltspolitik eines Landes in der europäischen Währungsunion insgesamt zinstreibend wirken würde. Dafür sind die Anteile einzelner Länder an der Gesamtverschuldung zu gering.
Da bei einer zentralen potentialorientierten Geldmengensteuerung in der Währungsunion für ein einzelnes Land einerseits keine Möglichkeit mehr besteht, durch eine lockere Geldpolitik mit Inflation die realen Zinslasten abzumildern, und andererseits Steuererhöhungen wegen des zunehmenden internationalen Wettbewerbs kaum in Betracht kommen, ist eine solide Finanzpolitik aller Mitgliedsländer zur Aufrechterhaltung ihrer staatlichen Handlungsfähigkeit relativ zwingend.

Eine Disziplinierung einzelner Staaten durch Risikozuschläge ist nicht zu erwarten

In einer Währungsunion verschmelzen die bisher durch unterschiedliche Währungsrisiken segmentierten Kapitalmärkte zu einem gemeinsamen Kapitalmarkt. Die Zinssätze auf Anleihen nationaler Regierungen werden konvergieren, wobei eine Differenzierung der Zinssätze nach der Bonität der öffentlichen Schuldner nicht zu erwarten ist. Jedes Partnerland beeinflußt damit durch seine Kreditaufnahme indirekt das gesamtwirtschaftliche Zinsniveau sowohl im Währungsraum als auch darüber hinaus. Verschuldungsbedingte Zins- und Wechselkursreaktionen sind jedoch für das sich verschuldende Land geringer. Die Abwälzung eines Teils der negativen Folgen der eigenen Staatsverschuldung auf die Partnerländer wird dazu führen, daß die nationalen Kosten der Überschuldung eines Landes sinken und die Verschuldungsbereitschaft einzelner Länder wächst. Es ist daher zu befürchten, daß nach Beitritt zur Währungsunion die Fiskaldisziplin einiger Länder abnehmen wird (Ohr, 1996).

Die vertraglich vorgesehenen Sanktionsmöglichkeiten sind ausreichend

Die vereinbarten Sanktionen sehen vor, daß die Teilnehmer der Euro-Zone bei einer erheblichen Überschreitung der Höchstgrenze des Haushaltsdefizits Einlagen bei der Europäischen Kommission hinterlegen müssen. Bei anhaltender Überschreitung werden die zinslosen Einlagen in Geldbußen umgewandelt.
Weitergehende (automatische) Sanktionen zur Durchsetzung der Haushaltsdisziplin sowie eine gemeinschaftliche Schuldenaufsicht der Mitgliedsländer sind abzu-

Die vertraglich vorgesehenen Sanktionsmöglichkeiten sind unwirksam

Die vertraglich vorgesehenen Sanktionsmögichkeiten gegen Länder mit übermäßiger Staatsverschuldung sind nicht nur inhaltlich schwach, sondern für das betroffene Land wenig bedrohlich.
Angesichts der üblichen politischen Abläufe und diplomatischen Rücksichtnahmen ist es darüber hinaus unwahrscheinlich, daß sich eine qualifizierte Mehrheit des Europäischen Rates zu wirksamen Sanktionen gegen ein Land mit Haushaltsschieflage durchringen wird (Sarrazin, 1997).

lehnen. Damit wäre die finanzpolitische Souveränität der Mitgliedsländer stärker eingeschränkt als die Souveränität der deutschen Bundesländer.
Eine gemeinschaftliche Schuldenaufsicht kann stabilitätsgerechtes Verhalten der Länder nicht erzwingen, sie kann sogar das no-bailout-Prinzip in Frage stellen, und zwar dann, wenn die Schuldenaufsicht bei unverschuldeter Notlage zu finanziellen Hilfen führt (Fuest, 1993).
Der wirksamste Sanktionsmechanismus für Ausgabensünder ist (neben dem moralischen Druck durch die Öffentlichkeit) die Verpflichtung, übermäßige Schulden in wertstabilem Geld zu verzinsen und zu tilgen, ohne Hoffnung auf Hilfe von anderen staatlichen Ebenen (Sarrazin, 1997).

Zu fordern sind daher strenge Sanktionsmechanismen, die bei Überschreiten einer verbindlichen Defizitobergrenze automatisch greifen.

Ein Finanzausgleich ist weder erforderlich noch sinnvoll

Ein Finanzausgleich ist für das Funktionieren der Währungsunion nicht erforderlich, wenn die Standards staatlicher Leistungen und die Lohnkosten zwischen den Teilnehmern der Währungsunion so abgestuft sind, wie es der unterschiedlichen Produktionsleistung und Produktivität der Staaten entspricht.
Wenn keine hinreichende Flexibilität bei der Lohnfindung und der Steuerung der öffentlichen Haushalte besteht, wachsen Arbeitslosigkeit und öffentliche Defizite in den weniger leistungsfähigen Ländern übermäßig an. Die Aussicht auf einen Finanzausgleich innerhalb der Währungsunion nach deutschem Muster würde die Fiskaldisziplin aufweichen.
Alle Vorstellungen für mehr finanzielle Solidarität in der Währungsunion bringen Risiken für die finanzielle Selbstverantwortung und damit für die Solidität der Finanzwirtschaft der Mitgliedsländer mit sich. Der Schritt in die einheitliche Währung sollte daher mit solchen Elementen nicht belastet werden (Sarrazin, 1997).

Bei regionalen Störungen sind Maßnahmen eines überstaatlichen Finanzausgleichs erforderlich

Eine Währungsunion kann nur dann zu einer gewünschten Fiskaldisziplin führen, wenn auch in anderen Bereichen die nationalstaatliche Souveränität aufgegeben und zu einer politischen Union mit einem hinreichend großen Zentralhaushalt oder entsprechenden Finanzausgleichsmechanismen übergegangen wird. Denn ein Zusammenschluß von relativ heterogenen Wirtschaftsräumen mit geringer Mobilität der Arbeitskräfte und geringer Flexibilität der relativen Preise führt bei einer einheitlichen Geldpolitik zu regional unterschiedlichen realwirtschaftlichen Auswirkungen. Die Folge sind regionale Ungleichgewichte, die staatliche Ausgleichsaßnahmen erfordern.
Es entsteht also in einzelnen Staaten zusätzlicher Handlungsbedarf bei gleichzeitiger Aufgabe von zwei nationalen wirtschaftspolitischen Instrumenten, nämlich der nationalen Geldpolitik und der nationalen Wechselkurspolitik. Durch eine politische Union kann ein Ausgleich regionaler Störungen durch Maßnahmen des Finanzausgleichs erfolgen (Ohr, 1996).
Jeder, der die Währungsunion will, muß sich daher bewußt sein, daß deren notwendige Konsequenz eine weitere Verlagerung von Kompetenzen und Finanzmitteln auf die Gemeinschaftsebene ist.

Fazit

Die Gegenüberstellung der Argumente hat gezeigt, daß die Auswirkungen der Einführung einer gemeinsamen Währung unterschiedlich eingeschätzt werden können. Welche Auswirkungen sich konkret ergeben werden, vermag zum jetzigen Zeitpunkt allerdings niemand mit Sicherheit zu sagen. Jedes der angeführten Argumente ist zwar in sich mehr oder weniger plausibel, die Aussagen basieren jedoch immer auf teilweise unbewiesenen Annahmen und hängen ab vom jeweiligen theoretischen Grundansatz und möglicherweise auch von der persönlichen oder politischen Interessenlage der Befürworter und Gegner einer Währungsunion. Dies zeigt einmal mehr, daß die Volkswirtschaftslehre im strengen Sinne keine exakte Wissenschaft ist.

Die Entscheidung für eine Währungsunion ist letztlich eine – inzwischen wohl nicht mehr umkehrbare – politische Entscheidung. Wesentlicher Faktor für das Gelingen des Projekts dürfte die öffentliche Meinung sein. Je stärker in der Bevölkerung der Teilnehmerstaaten der Wunsch nach einer langfristigen Stabilitätsgemeinschaft ausgeprägt ist, desto weniger werden sich politische Entscheidungsträger von einer stabilitätsorientierten Politik entfernen können.

Literatur

Bayoumi, Tamim; Eichengreen, Barry (1993), Shocking aspects of European monetary integration, in: Torres, Francisco; Giavazzi, Francesco, Adjustment and Growth in the European Monetary System, Cambridge, S. 193-229

Buiter, Willem; Corsetti, Giancarlo; Roubini, Nouriel (1993), Mastricht`s fiscal rules, in: Economic Policy, Heft 16, S. 57-100

Bundesministerium der Finanzen (1996), Der Euro – Stark wie die Mark, Bonn

De Grauwe, Paul (1994), Towards EMU without the EMS, in: Economic Policy, Heft 18, S. 147-185

Dornbusch, Rudi (1996), Euro Fantasies, in: Foreign Affairs, Band 75, Nr. 5, S. 110-125

Fuest, Clemens (1993), Budgetdefizite in einer Europäischen Währungsunion: Bedarf es gemeinsamer Verschuldungsregeln?, in: Zeitschrift für Wirtschaftspolitik, Jg. 42, Heft 2, S. 123-149

Hanke, Thomas (1996), Steuern runter!, in: Die Zeit, Nr. 49, Hamburg 29.11.1996, S. 25

Jochimsen, Reimut (1994), Perspektiven der europäischen Wirtschafts- und Währungsunion, Köln

Kommission der Europäischen Gemeinschaften (1990), Ein Markt, eine Währung, Bonn

Krugman, Paul (1993), Lessons of Massachusetts for EMU, in: Torres, Francisco; Giavazzi, Francesco, Adjustment and Growth in the European Monetary System, Cambridge, S. 241-266

Lesch, Hagen (1994), Europa auf dem Weg zur Währungsunion: Ursachen und Lehren der EWS-Krise, in: Institut „Finanzen und Steuern" e.V., Nr. 326, Bonn

Lüdeke, Reinar (1994), Drei Jahre Wirtschafts-, Währungs- und Sozialunion in Deutschland: Vorbild oder Mahnung für eine europäische Integrationspolitik?, in: Rübel, Gerhard, Perspektiven der Europäischen Integration, Heidelberg, S. 209-263

Ohr, Renate (1996), Zur Fiskalpolitik in der Europäischen Währungsunion, in: Kantzenbach, Erhard, Staatsüberschuldung, Göttingen, S. 103-114

Piper, Nikolaus (1996), Schulden runter!, in: Die Zeit, Nr.49, Hamburg 29.11.1996, S. 25
Rübel, Gerhard (1996), „Euro"-Währungsblöcke als Alternative zur europäischen Einheitswährung, in: Zeitschrift für Wirtschaftspolitik, Jg. 45, Heft 3, S. 337-355
Sarrazin, Thilo (1997), Der Euro – Chance oder Abenteuer, Bonn
Siebert, Horst (1997), Zu den Voraussetzungen der Europäischen Währungsunion, Kieler Diskussionsbeiträge Nr. 289, Kiel
Schmidt, Christian; Straubhaar, Thomas (1995), Maastricht II: Bedarf es realer Konvergenzkriterien?, in: Wirtschaftsdienst, Heft 8, S. 434-442

Jürgen Pratje

Die Währungsunion als Stabilitätsgemeinschaft

Die Marktwirtschaft der 90er Jahre ist nicht mehr die Marktwirtschaft der 50er und 60er Jahre. Gleiches gilt für die Weltwirtschaft. Heute sehen wir uns insbesondere im Bereich

- der Finanzströme,
- der Produktionsentscheidungen,
- der Absatzmärkte und
- der Informationsnetze

einer in zunehmendem Maße globalisierten Wirtschaft gegenüber. Dies bedeutet eine Herausforderung für alle Beteiligten.

Hinzu kommt: Mehr als eine Milliarde Menschen in den früher isolierten sozialistischen Gesellschaften drängen zusätzlich auf den Weltmarkt. Sie haben drei für sie neue Probleme gleichzeitig zu bewältigen:

- die Einführung eines neuen politischen (demokratischen) Systems,
- die Einführung der Marktwirtschaft und
- die Bewältigung der Globalisierung anstelle der bisherigen Regionalisierung auch ihrer Wirtschaft.

Der Abbau der Zollschranken im Rahmen von Gatt und WTO hat gewaltige Marktkräfte freigesetzt. Das System der internationalen Arbeitsteilung wandelt sich dramatisch. Kapital und Wissen kennen keine nationalen Grenzen mehr. In dieser globalen Welt braucht die Wirtschaft praktisch keine Rücksicht mehr auf nationale Spielregeln zu nehmen und globale Spielregeln gibt es bisher kaum. In der Welt entstehen neue politische und wirtschaftliche Kraftzentren – so in Südostasien und Lateinamerika. Überregionale Zusammenschlüsse gewinnen an Bedeutung: NAFTA, ASEAN, MERCOSUR.

Die Antwort Europas auf diese Entwicklungen kann nur sein: Vertiefung und Erweiterung der Europäischen Union – und zwar nicht zu einem europäischen Superstaat, sondern zu einer bürgernahen Union der Vielfalt in der Gemeinsamkeit, aber um sich in der globalisierten Welt zu behaupten, eben auch zu einer Wirtschafts- und Währungsgemeinschaft. Nur so kann Europas

Stellung im globalen Wettbewerb gesichert werden. Deshalb ist auch die gemeinsame Europäische Währung so wichtig. Sie kann neben Dollar und Yen zur dritten Weltleitwährung werden. Sie ist auch der wirtschaftliche Kern einer echten Europäischen Union.

Dies hat man in Maastricht unterstrichen, als der „Vertrag über die Europäische Union" geschlossen wurde – denn der Kern des Vertragswerkes ist die Wirtschafts- und Währungsunion.

Die *wirtschaftliche* Integration wurde folgerichtig bereits in der ersten Hälfte der 90er Jahre mit der Schaffung des gemeinsamen Binnenmarktes weitgehend verwirklicht. Die Schaffung einer Europäischen *Währungsunion* mit einer gemeinsamen Währung soll nun diesen gemeinsamen Binnenmarkt weiter stärken, Wachstum und Beschäftigung fördern, den Wohlstand Europas erhöhen, die europäischen Nationen einander noch näher bringen und Europas Stellung in der globalisierten Welt stärken.

In einer ersten Stufe begann der Weg zur Europäischen Währungsunion praktisch bereits 1990 mit der Liberalisierung des Kapitalverkehrs und einer engeren Kooperation nicht nur der Wirtschafts-, sondern auch der Finanz- und Geldpolitik.

Die zweite Stufe läuft bereits seit dem 1. Januar 1994. Sie ist eine der wichtigsten vorbereitenden Maßnahmen zur Errichtung einer Währungsunion. Die wirtschaftliche, fiskalische und monetäre Konvergenz der EU-Staaten wurde seither schrittweise verstärkt. Es wurde das Europäische Währungsinstitut (EWI) als Vorläufer der künftigen Europäischen Zentralbank (EZB) gegründet. Dieses Institut verstärkte die Zusammenarbeit zwischen den nationalen Zentralbanken, koordinierte die nationalen Geld- und Währungspolitiken. Den bisher noch nicht autonomen nationalen Zentralbanken wurde nach dem Vorbild der Deutschen Bundesbank Unabhängigkeit gewährt. Seit Beginn dieser zweiten Stufe gilt auch das Verbot der Notenbankfinanzierung öffentlicher Haushaltsdefizite. Und schließlich wurde das Europäische Währungssystem mit festen, nur in engen Grenzen variablen Wechselkursen eingeführt. Diesem Wechselkursmechanismus hat sich gerade noch rechtzeitig auch Italien angeschlossen.

All diese Maßnahmen haben – ebenso wie das Streben nach Erreichung der fünf in Maastricht verabredeten Konvergenzkriterien – bereits jetzt dazu geführt, daß viele Länder der Europäischen Union ein etwa gleiches Maß an gesamtwirtschaftlicher Stabilität erreicht haben – eine weitgehende Homogenität bei den wirtschaftlichen Rahmenbedingungen, insbesondere im Bezug auf die Stabilität des Preisniveaus. Die Inflationsraten haben sich weitgehend angenähert, ebenso die Kapitalmarktzinsen. Unterschiede bestehen noch beim Haushaltsdefizit und der Verschuldung. Dreh- und Angelpunkt für die Teilnahme an der Währungsunion sind die sogenannten Konvergenzkriterien: Laut Protokoll zu Artikel 109 j des Maastrichtvertrag soll die Währungsunion nur mit Ländern geschaffen werden,

1. deren Inflationsraten nicht mehr als 1,5 Prozentpunkte über den Durchschnitt der drei preisstabilsten Länder liegen;
2. deren Währungen sich in den zwei Jahren vor Beginn der Währungsunion in den normalen Bandbreiten des EWS bewegt haben;
3. deren langfristige Kapitalmarktzinsen nicht mehr als zwei Prozentpunkte über dem Zinsniveau der drei preisstabilsten Länder liegen;
4. bei denen das jährliche Budgetdefizit der öffentlichen Haushalte 3% des Bruttoinlandsprodukts (BIP) nicht übersteigt und
5. deren gesamter Schuldenstand der öffentlichen Hand nicht höher als 60% des BIP ist.

Die Diskussion um die Europäische Währungsunion dreht sich im Kern um die Ausgestaltung bzw. Auslegung dieser Konvergenzkriterien. Diese sind im Maastrichtvertrag keineswegs so starr gehalten, wie dies gemeinhin angenommen wird. Vielmehr läßt der Vertrag durchaus Ausnahmen von ihrer termingerechten Erreichung bzw. ständigen Beibehaltung zu.

Die mit Abstand wichtigste Bedingung ist das *Inflationskriterium*. Es soll sicherstellen, daß nur Länder an der Währungsunion teilnehmen, die ein vergleichbares, hohes Maß an Preisstabilität aufweisen. Nur wenn die Europäische Währungsunion eine echte Stabilitätsgemeinschaft garantiert, wird sie Anerkennung finden.

Gerade dieses Thema bewegt uns als Deutsche in besonderer Weise: Nach zwei – für die Ostdeutschen drei – Währungsreformen, durch die viele manches, und manche alles verloren haben, hat sich in Deutschland eine tiefe Skepsis gegenüber Währungsreformen oder auch nur Währungsumstellungen ergeben. Gleiches gilt gegenüber schleichenden inflationären Tendenzen, die die Geldvermögen aushöhlen. Andererseits haben wir nach 1945 eine Entwicklung erlebt, in der die DM sich zu einer der härtesten Währungen der Welt und zu einer der drei weltweit wichtigsten Leitwährungen (oder doch Leitersatzwährungen) entwickelte. Die Furcht, daß mit dem Übergang zur Europäischen Währungsunion durch einen weichen Euro diese Stabilität unserer Währung verloren gehen könnte, ist bei den Deutschen weit verbreitet. Ein weicher Euro bedeutet nun einmal höhere Inflation, steigende Kaufkraftverluste und damit höhere Zinsen, höhere Kosten für die Wirtschaft und folglich Minderung der Wettbewerbsfähigkeit. Um so stärker muß das Bestreben sein, diese Europäischen Währungsunion tatsächlich zu einer Stabilitätsgemeinschaft und nicht etwa zu einer Inflationsgemeinschaft werden zu lassen. So ist es nur zu verständlich, daß gerade von Deutschland besondere Bemühungen ausgingen, den Maastrichter Vertrag durch einen *Stabilitätspakt* zu ergänzen und abzusichern. Darauf komme ich noch zurück.

In dem Bestreben, die Konvergenzkriterien zu erreichen, wurden in den vergangenen Jahren – also der Stufe 2 – beachtliche Anstrengungen von allen EU-Ländern unternommen und deutliche Fortschritte erzielt. Hatten 1990 noch 12 der EU-Länder eine Inflationsrate von zum Teil weit über 3%, so weisen heute zehn Länder eine Rate unter 3% aus, wobei die Unterschiede (Abstände) zugleich erheblich vermindert wurden. Hierzu haben wesentlich auch das Europäische Währungssystem und die damit zusammenhängenden Disziplinierungsmaßnahmen beigetragen. Es ist auch kein Zufall, daß Länder mit einheitlich niedriger Preissteigerungsrate keine nachhaltigen Wechselkursprobleme im EWS hatten und haben – wenn man von den Wirkungen kurzfristiger spekulativer Attacken absieht. Nur bei divergierenden Inflationsraten mußten die Leitkurse im EWS angepaßt werden.

Inflationserwartungen und Wechselkursänderungen bestimmen zugleich wesentlich Entwicklung und Niveau der *Kapitalmarktzinsen*. Und auch hier haben die EU-Mitglieder eine starke Annäherung bereits erreicht.

Auch die *Haushaltsdisziplin* ist Ausdruck eines stabilitätspolitischen Bewußtseins, weil nicht durch Steuern gedeckte Staatsausgaben tendenziell inflationstreibend wirken, hohe Staatsdefizite eine stabilitätsorientierte Geldpolitik erschweren und eine zu hohe Staatsverschuldung das Zinsniveau nach oben treiben würde.

Hier soll der vorhin erwähnte Stabilitätspakt zusätzliche Sicherheit bringen. Er wurde nach zähen Verhandlungen vereinbart und ist eine wichtige Ergänzung des Maastrichter Vertrages, weil er

1. endgültig festlegt, daß die Einhaltung eines Haushaltsdefizits von höchstens 3% auf Dauer gilt – damit ist indirekt auch die dauernde Gültigkeit des Schuldenstandskriteriums bestätigt worden;
2. die Nichteinhaltung der Defizitgrenze bei Ausbleiben wirksamer Gegenmaßnahmen automatisch zur Hinterlegung einer unverzinslichen Zwangseinlage von 0,2 bis 0,5% des BIP führt, die bei weiterem Ausbleiben von Gegenmaßnahmen in eine endgültige Geldbuße umgewandelt wird und schließlich
3. die Ausnahmetatbestände konkretisiert werden (schwere Rezession, Katastrophen etc.).

Allein die Hinterlegungspflicht hätte Deutschland im Jahre 1996 gezwungen, nahezu 10 Mrd. DM zinslos in Brüssel bzw. bei der Europäischen Zentralbank zu hinterlegen.

Gerade mit der Erreichung der haushaltspolitischen Konvergenzkriterien durch eine solide Budgetpolitik tun sich viele Länder – so auch Deutschland und dessen Bundesländer – außerordentlich schwer. Zwar gibt es im Vertrag beim Haushaltsdefizit wie beim Verschuldenskriterium flexible Spielräume, welche Entwicklungen der Vergangenheit ebenso wie künftige Sondersituationen abdecken sollen – aber gerade diese Spielräume könnten natürlich sehr leicht auch zu Fehlverhalten in der Zukunft verlocken. Jedenfalls wurden gerade in diesen Bereichen in den einzelnen Ländern zur Durchsetzung der Haushaltsstabilität erhebliche Anstrengungen unternommen, und auch Opfer gebracht. Sie sind nach ihrem Umfang, insbesondere was Deutschland betrifft, sicher noch nicht ausreichend, insbesondere dann, wenn sie von Dauer sein sollen und müssen. Deshalb empfiehlt sich auch der Abschluß eines nationalen Stabilitätspaktes, der auch die Länder und Kommunen verpflichtet, die Defizit- und Verschuldensgrenzen einzuhalten.

Die Frage einer soliden Haushaltsstabilität ist keineswegs nur eine Frage der Konvergenzkriterien, sondern für den Steuerzahler in Deutschland vor allem eine strukturelle Frage, die in der Forderung nach dem schlanken Staat gipfelt und eine Frage der Verminderung der derzeitigen Überbelastung der Bürger mit Steuern, Abgaben und Gebühren, d.h. eine Frage der Senkung der überhöhten Staatsquote. Beidem muß – und nicht nur wegen der Konvergenzkriterien – endlich ein Ende bereitet werden.

Zu den Stabilitätsgesichtspunkten gehört natürlich auch die stabilitätsorientierte Verfassung der künftigen *Europäischen Zentralbank*. Sie ist weitgehend – manche meinen sogar weitergehend – nach dem Vorbild der Deutschen Bundesbank gestaltet worden. Sie soll unabhängig und ausschließlich der Geldwertstabilität verpflichtet sein, darf keine Kassenkredite an Mitgliedstaaten vergeben, so daß eine Finanzierung von Haushaltsdefiziten über die Notenpresse ausgeschlossen ist. Die einzelnen Länderregierungen sollen keinerlei Einfluß auf die geldpolitischen Entscheidungen der EZB haben, so daß sie auch keine Möglichkeit haben – etwa aus außenhandelspolitischen Interessen – eine Geldentwertung zu erzwingen. Es wird alles davon abhängen, ob es gelingt, die Entpolitisierung der Geldpolitik durchzusetzen. Die Töne, die man aus Wahlkampfveranstaltungen in Frankreich gehört hat, lassen hier zumindest Zweifel aufkommen.

Soviel zu den Konvergenzkriterien, um deren Erreichung es in der Übergangsphase ging und noch geht. Danach beginnt die dritte Stufe der Europäischen Währungsunion mit ihrem ersten Abschnitt im Frühjahr/Sommer 1998. Dann soll auf der Grundlage der Wirtschaftsdaten des Jahres 1997 über den Teilnehmerkreis entschieden und anschließend die Europäische Zentralbank errichtet werden.

Im zweiten Abschnitt, der von 1999 bis 2002 läuft, werden zum 1.1.1999 die Wechselkurse unter den Teilnehmerwährungen festgelegt, und damit auch ihr Umrechnungsverhältnis zum Euro. Ab diesem Datum sollen sämtliche geld- und währungspolitischen Operationen durch die Europäische Zentralbank in Euro erfolgen. Neuemissionen öffentlicher Schuldtitel sollen möglichst ab 1999 ebenfalls in Euro erfolgen. Alle übrigen Transaktionen der öffentlichen Hände sollen spätestens zum 01.01.2002 in Euro durchgeführt werden.

Schließlich folgt der dritte und letzte Abschnitt zwischen dem 1. Januar und 30. Juni 2002 mit dem Beginn der Ausgabe der neuen Banknoten und dem Umtausch der nationalen in die Eurobanknoten und -münzen. Während dieser halbjährigen Umstellungsphase laufen nationale Währungen und Euro-Währung parallel. Bis zum 01.07.2002 sollen dann alle Geschäfte auf den Euro umgestellt sein.

Die Kosten dieser Umstellung werden erheblich sein und Wirtschaft wie öffentliche Hände zusätzlich belasten. In den großen Wirtschaftsunternehmen laufen die Vorbereitungen, insbesondere für die zweite Phase, bereits jetzt an. Die öffentliche Hand hat sich nach einer Erklärung der Bundesregierung entschlossen, den letztmöglichen Termin der Umstellung wahrzunehmen (01.01.2002). Ich lasse dahingestellt, ob dieses Verhalten angesichts der Tatsache, daß über 50% des BIP durch die öffentlichen Kassen läuft, richtig und vorbildhaft für die Wirtschaft ist.

Auf eines soll schließlich noch hingewiesen werden: Erschwert wird die Verwirklichung der Währungsunion sicher zusätzlich durch die Tatsache, daß in vielen Bereichen noch keine ausreichende Angleichung stattgefunden hat, z.B. bei notwendigen Teilen der Rechtssysteme, bei der Steuerharmonisierung, im Verkehrsbereich und vielen anderen Bereichen. Von einer gemeinsamen Außenpolitik ganz zu schweigen, wie die Iran-Politik Frankreichs, nicht zuletzt aus außenhandelspolitischen Gründen, gezeigt hat. Dennoch bleibt zu erwarten, daß von der Europäischen Währungsunion ein Druck auch auf die Harmonisierung der genannten Bereiche ausgeht.

Der Beginn der Europäischen Währungsunion, wenn sie zum 1. Januar 1999 kommt, ist sehr viel mehr als nur die technische Umstellung auf den Euro. Er wird erhebliche Auswirkungen auf Marktanteile, Standorte und Wettbewerb der Wirtschaft, und damit auch auf die Beschäftigungssituation haben. Mit dem Euro wird durch erhöhte Preistransparenz der Preisdruck wachsen und damit der Zwang, Kosten zu sparen. Andererseits profitieren exportorientierte Branchen vom Wegfall der Währungsrisiken nach innen und ihrer Minderung nach außen. Vieles kommt hinzu. Deshalb ist es notwendig, sich systematisch auf diesen Termin vorzubereiten. Bisher geschieht dies in Deutschland immerhin erst bei jedem fünften Wirtschaftsunternehmen, dagegen bei fast allen Banken und den Branchen, die europaweit Handel treiben, und folglich neue Preis-, Produkt- und Vertriebsstrategien entwickeln müssen. Die konsumnahen Bereiche sind deshalb in der Vorbereitung auf den Euro am weitesten vorn. Großindustrie und Mittelstand beurteilen Chancen und Risiken des Eurogeldes unterschiedlich. Vor allem bei kleinen und mittleren Unternehmen überwiegt die Angst vor dem Euro, weil sie dem verschärften Wettbewerb nicht gewachsen sein könnten. Die Landwirtschaft dagegen errechnet sich große Vorteile wegen des Wegfalls des komplizierten Berechnungsverfahren für das Erzeugerpreisgefüge.

Der Tag der Entscheidung, wer, das heißt welche Länder sich an der Europäischen Währungsunion beteiligen können, rückt näher. Und je näher wir diesem Tag kommen, um so größer wird auch das Unbehagen vor dem Neuen, die Betonung der Risiken, welche die Verwirklichung der Währungsunion beinhaltet – eine Situation, die wir letztlich vor jeder neuen Stufe der Einigung Europas beobachten konnten. Sie gipfelt in dem Wunsch nach Verschiebung der Termine, die auf der Regierungskonferenz im Dezember 1995 in Madrid festgelegt wurden.

Das gilt um so mehr, als die Verwirklichung der Währungsunion ja parallel laufen wird mit der geplanten Erweiterung der Europäischen Union. Die Staaten, die vor der Tür der EU stehen, würden sicher bei Aufnahme erhebliche, zusätzliche Transferleistungen der EU zur Folge haben. Aber schon die Höhe der bisherigen Transferleistungen und die nicht auszuschließende Möglichkeit weiterer Transferleistungen zum Ausgleich von Haushaltsdefiziten, bzw. für Subventionszwecke, der an der Währungsunion beteiligten Länder erbringen zu müssen, macht in diesem Punkt größte Zurückhaltung erforderlich. Das ist natürlich eine Frage, die den deutschen Steuerzahler eminent berührt. Je größer die nationalen Unterschiede in der wirtschaftlichen Leistungskraft, in der Wachstumsstärke und in der Arbeitslosigkeit sind, um so größer wird der Transferdruck sein. Die Bürger als Steuerzahler wollen auf keinen Fall Europa als Subventions- bzw. Transferunion.

Aus all diesen Gründen flackerte die Diskussion um eine Verschiebung des Termins immer wieder auf. Tatsache ist, daß vor kurzem außer Luxemburg sich alle übrigen EU-Staaten mit einer „punktgenauen Landung", was die Konvergenzkriterien betrifft, schwer taten. Das gilt auch für die Bundesrepublik Deutschland, die gerade auf die punktgenaue und dauerhafte Einhaltung der Konvergenzkriterien in der Vergangenheit größten Wert gelegt hatte. Verhindert werden müssen auf jeden Fall statistische oder Buchungstricks oder gar einmalige Sondermaßnahmen zur vorübergehenden Erreichung der Konvergenzkriterien.

Ist also eine Verschiebung notwendig? Ist sie überhaupt möglich und welche Folgen hätte sie? Verhindert sie nicht die Realisierung einer Europäischen Währungsunion auf Dauer? Welche Folgen hätte eine Verschiebung für die internationalen Märkte, nicht zuletzt die Finanzmärkte? Würden nicht die Bemühungen der EU-Mitgliedstaaten um Preisstabilität und solide Haushaltspolitik rapide nachlassen? Diese und viele andere Fragen haben uns lange beschäftigt.

Von der Politik wissen wir, daß jedenfalls die großen Parteien für eine strikte Einhaltung des Terminplans plädieren. Die Einhaltung des Zeitplanes scheint Vorrang vor der strikten Einhaltung der Stabilitätskriterien durch die Mitgliedskandidaten zu gewinnen. Anders sieht es offensichtlich bei Teilen der Wirtschaft und beim Bürger aus. Auch der Bund der Steuerzahler tritt für eine strikte Einhaltung der Stabilitätskriterien – notfalls unter zeitlich genau definierter Terminverschiebung – ein.

*Francis Woehrling**

Sicherheit durch den Euro? Thesen

1. Sicherheit und Wohlstand in Europa sind ein äußerst komplexes Thema. Die folgenden Thesen behandeln ordnungspolitische Fragen. Die zentrale Frage dabei lautet: Welchen Beitrag leistet die Währungsunion zu Sicherheit und Wohlstand in Europa? Die Thesen greifen hingegen keine Fragen „politischer" Natur auf – wie etwa die, ob die Bundesrepublik Deutschland durch die Akzeptanz eines gewissen Euro anderen Ländern die Zustimmung zu einer Politischen Union „abhandeln" kann – und auch keine Fragen, die sich aus Problemen des Übergangs ergeben. Dazu würde zum Beispiel die Frage gehören, ob der europäische „politische Konsens" durch zu harte finanzpolitische Konditionen bei der Anwartschaft für die Währungsunion gefährdet werden könnte.

2. Geld ist ein auf dem Markt (zwischen Individuen) ausgetauschtes (privates) Gut und zugleich ein Bestandteil der Währungsordnung, mithin ein öffentliches Gut. Aus dieser Tatsache ergibt sich ganz allgemein die Problematik von „Geld und Sicherheit" bzw. Wohlstand. – Der individuelle Austausch, der durch die Verwendung von Geld im Vergleich zum Tauschhandel potenziert wird, liefert die materielle Basis für die Steigerung des Wohlstandes und die Erhöhung der Produktivität, und somit für die Erhaltung der Währungsordnung selbst. Mit dem Euro gibt es mehr Austausch, also eine höhere Interdependenz und Sicherheit. – Die Währungsordnung bestimmt die Geldmenge und somit den Wert und die Akzeptanz des Tauschmittels und die Sicherheit des (Wirtschafts-)Lebens. Der Staat und die Gemeinschaft sichern den individuellen Geldaustausch durch die Wirtschafts- und Währungsordnung ab.

3. Aus der doppelten Natur des Geld-Markt-Systems ergeben sich Schwierigkeiten, die Entwicklung dieses Systems zu gestalten. Zum einen ist die Währungsordnung Bestandteil der allgemeinen Weltordnung, beide sind in der Regel auf den selben Werten aufgebaut. So wie nach dem Zweiten Weltkrieg mit dem Dollar-Standard auch amerikanische Grundwerte transportiert

---

* Der Autor bringt ausschließlich seine eigene Meinung zum Ausdruck.

wurden, präjudizieren die neue europäische Währung und der Maastrichter Vertrag, der eine Entpolitisierung der Geldpolitik und (Kon-)Föderalismus festschreibt, notwendigerweise Grundlinien einer künftigen Europäischen Verfassung. Dies erklärt im übrigen auch manche Widerstände gegenüber der neuen Währungsordnung. Zum anderen ist es der Theorie bisher nicht gelungen, den Widerspruch zwischen individueller Motivation, die die Erweiterung des Austausches und die Marktintegration vorantreibt, und dem kollektiven Handeln zu überbrücken, das die neue Rahmenordnung dafür schafft. Für die Integrationspolitik und den Integrationsprozeß folgt daraus ein Zwang zur Pragmatik, was wiederum einer Politisierung und Nationalisierung Tor und Tür öffnet. Die Auseinandersetzungen zwischen Gruppen und Nationen sind kaum rationalisierbar, was den Gesamtprozeß erschwert und Verunsicherung hervorruft.

4. Sicherheit ist ein mehrdimensionales Ziel. Letztlich bringt nur Ordnung, nur ein System Sicherheit. Insofern ist die Diskussion um Sicherheit und Wohlstand in Europa letztlich eine Diskussion über das Europäische Währungssystem und die Europäische Verfassung. Bringt also der Euro mehr Sicherheit und Wohlstand für Europa?

5. Die konkrete Währungsproblematik am Ende des 20. Jahrhunderts lautet: Wie kann der „labile" Dollar-DM-Standard durch ein besseres, der globalisierten Weltwirtschaft entsprechendes Währungssystem ersetzt werden, das dadurch mehr Sicherheit verspricht? Praktisch heißt das: Bringt das, was in Maastricht vereinbart wurde, mehr Sicherheit und Wohlstand, also ein besseres Währungsystem als das bisherige? Oder aber: Welches politisch mögliche System wäre besser als der Euro?

6. Beim Thema „Euro" vermischen sich Fragen nach der künftigen Europäischen Verfassungsordnung und nach einem geeigneten Währungssystem für die globalisierte Wirtschaft zu einem theoretisch wie praktisch schwierigen Problem. Deshalb ist auch der Euro das zentrale Thema der Wirtschafts- und Währungsunion. Die Stabilität der neuen Währung, die Konsolidierung der öffentlichen Haushalte und die Wettbewerbsfähigkeit des Standortes Europa sind dagegen „nur" technische Teilaspekte dieser Grundsatzfragen.

7. Theoretische Paradoxien erschweren die Analyse des ordnungspolitischen Problems (Geld/Währung) und die Gestaltung der Integrationspolitik (als Absicherung des Euro durch eine angemessene Währungsordnung). Laut liberaler Wirtschaftstheorie wird Wohlstand durch Individuen im Tausch und im Wettbewerb erzeugt. Je größer der Markt und je tiefer die Finanzbeziehungen, desto intensiver der Austausch und desto höher Wohlstand und Sicherheit. In diesem Sinne ist der Euro in jedem Fall besser als die DM.

8. Zugleich unterstellt die Theorie aber, daß Austausch und Wettbewerb innerhalb eines Rahmens erfolgen, der den Marktteilnehmern Sicherheit bietet. Für die Gestaltung dieses Rahmens bietet sie jedoch wenig Anhaltspunkte. Für die Praxis folgt daraus lediglich: Es gibt kein Geld ohne Währungsordnung und keinen Markt, ohne daß eine Gemeinschaft und ein Staat den

Individuen Sicherheit liefern. Und: Je größer und „moderner" der „Staatsapparat" und die Gemeinschaft, desto größer und höher die Sicherheit (die USA können ihren Bürgern mehr davon garantieren als Holland oder Kamerun).

9. Die Theorie vermag nicht zu erklären, wie eine Wettbewerbsgesellschaft den notwendigen Rahmen und damit Sicherheit erzeugt. Der Rahmen, innerhalb dessen Austausch und Wettbewerb erfolgen, ist also „irgendwie" (außerhalb des eigenen Erklärungsmodells) gegeben. Häufig greift man dabei auf Geschichtliches und Irrationales (das Volk, die Nation) zurück. Theoretisch besteht also bestenfalls das Postulat, daß eine Marktordnung und eine Währung den individuellen Austausch absichern. Es gibt aber keine theoretische Richtschnur, die die optimale „parallele" Integration von Geldtausch und Währungsordnung be- und vorschreibt. Und da es keine „europäische Nation" gibt, die man einfach unterstellen könnte, bleibt die Frage, wie wir einen neuen Ordnungsrahmen in einem rationalen politischen Prozeß hervorbringen.

10. Da es keine gefestigte Integrationstheorie gibt, ergeben sich für die praktische Gestaltung der Europäischen Währungsordnung zwei Schwierigkeiten: Die Politik betritt Neuland und kann nicht auf gesicherte Erfahrungen zurückgreifen, während in der öffentlichen Meinung die Ansicht vorherrscht, die Absicherung des Geldaustausches durch eine neue Ordnung – im laufenden Integrationsprozeß – sei unproblematisch machbar. Das gilt insbesondere in der (dominanten) angelsächsischen Welt. In der öffentlichen Meinung überlagern sich dabei „unbewußt überzeugt" zwei Thesen. Der einen zufolge braucht Europa „nur" mehr Geldwertstabilität (deutsche These), der anderen zufolge „nur" mehr Konkurrenz bzw. Marktflexibilität (englische These). Die unterschiedlichen Ideologien erschweren die Gestaltung der neuen Ordnung zusätzlich.

11. Obwohl die Integrationstheorie keine Anleitung dafür anbietet, wie wir den Prozeß am besten gestalten können, der zum Euro führt, ist dennoch erwiesen, daß der Euro für uns alle besser ist als die DM. Die vollständige Währungsunion bringt Sicherheit, weil sie Interdependenz und Wohlstand erhöht und weil sie eine größere und bessere Politische Union ermöglicht und erforderlich macht. Zudem bringt der Euro für Europa mehr Sicherheit als für die übrige Welt, weil er eine Europäische Währungsunion schafft, aber das Internationale Währungssystem „nur" restrukturiert.

12. Es gibt vier Systeme, die Sicherheit versprechen. Sie sind zugleich vier Argumente gegen den Status quo. Im Übergangsprozeß mögen Zweifel gestattet sein, ob der Euro zu einer stabilen Währung wird; diese erlauben jedoch nicht, die Maastricht-Verfassung zu verwerfen.

13. Nach dem Modell der Weltregierung, die ein dominierendes Währungssystem durchsetzt, gewinnen die Schwächeren Sicherheit dadurch, daß sie sich einem Stärkeren unterwerfen und dessen wirtschaftliche Wertvorstellungen und Währungsstandards übernehmen. Dieses System funktioniert nur so lange, wie der Stärkere stark bleibt und die „Versicherungsprämien" für die anderen nicht zu hoch werden. Der Dollar-Gold-Standard hielt zwischen

1945 und 1970, dann aber geriet das Bretton-Woods-System mit der Wirtschaft und den Finanzen der USA in die Krise. Für Europa und für Deutschland ist niemand in Sicht, der erneut die Rolle des Stärkeren übernehmen könnte und von den westlichen Werten her akzeptabel wäre. Insofern scheidet dieses Modell aus.

14. Das europäische Hegemoniemodell, in dem die Bundesbank für Stabilität sorgt, weil die Märkte alle europäischen Währungen dazu zwingen, sich an die Deutsche Mark zu binden, garantiert auf Dauer keine Sicherheit. Der DM-Standard bringt zwar hierzulande eine gewisse Sicherheit, weil alle anderen Europäer den deutschen „Superstaat" fürchten, aber längerfristig ist für niemanden sicher, daß die Mark immer so stark bleibt. Insofern taugt auch dieses Modell nicht für die Zukunft.

In einem Gleichgewichtsmodell á la Metternich, das nur auf Beachtung minimaler Regeln aufgebaut ist, bleibt Deutschland nur so lange abgesichert, wie sich dagegen im europäischen Raum oder weltweit keine stärkere Allianz bildet. Diesem Modell entsprach die formale Konstruktion des Europäischen Währungssystems (EWS) von 1978 mit seinem ECU-Divergenz-Indikator und dem Durchschnitt als Norm und Anker (in der Realität funktionierte das EWS als ein in der DM verankertes System). Gerade für Deutschland – und damit letztlich auch für Europa – würden die britischen Vorschläge (die die Relativierung des „virtuellen" EWS von 1978 die Zerstörung des DM-Standards mit sich bringen würden) wenig Sicherheit gewähren.

15. Das ausgebaute Gleichgewichtsmodell, auf dem die europäische Währungsunion basiert, bringt für alle Beteiligten ein Höchstmaß an Sicherheit. Der Euro und seine Ordnung bringen die bestmögliche Sicherheit, weil sie Werte internalisieren und objektivieren, die einerseits den Bedürfnissen der globalisierten Welt entsprechen und andererseits den europäischen Kräfteverhältnissen angepaßt sind.

Diese These läßt sich aus der Analyse der Entwicklung des jetzigen Systems heraus näher begründen. Der Euro bringt den Deutschen mehr Sicherheit als die DM-Hegemonie.

16. Das heutige Weltsystem ist ein mixtum compositum aus einer gewissen amerikanischen Dominanz, die der Welt und insbesondere Europa militärische (NATO) und wirtschaftliche (OECD, IWF) Sicherheit liefert, und der europäischen DM-Hegemonie, die dem Kontinent Geldwertstabilität und nur etwas Wachstum liefert. Beide Komponenten dieses Systems sind sehr labil und im Umbruch.

17. Im europäischen System bewirkt die Europäische Union einen Gemeinsamen Markt, der die DM-Hegemonie stärkt. Der Gemeinsame Markt bringt für Europa mehr (wirtschaftliche) Sicherheit als das OECD-System.

18. Die DM-Hegemonie, bei der sich die anderen Europäer unter dem Druck der Märkte an die Mark binden müssen, wodurch sie ihre Währungssouveränität definitiv verlieren, ist auf Dauer suboptimal und sogar unerträglich. Und die „starke" DM ist schwach gegenüber dem Dollar (ungleiche Dominanz). Somit ist die DM-Hegemonie defekt, inflationär und erhöht die

Arbeitslosigkeit. Weiter auf dieses System zu setzen, ist gefährlich, weil es die anderen Partner nicht befriedigt und weil Deutschland wirtschaftlich nicht stärker, sondern eher schwächer wird. Es taugt höchstens noch als Instrument für die Gestaltung des Euro-Standards. Der Euro ist folglich die Antwort auf die Frage, wie ein besseres System, das allen Beteiligten ein Höchstmaß an wirklicher Sicherheit bietet, aus dem bisherigen herauswachsen kann. Zu glauben, die DM-Hegemonie sei „billiger" als der Euro, ist im übrigen eine Illusion.

19. Immanente Probleme des bisherigen Systems erzwingen ohnehin eine Veränderung der DM-Hegemonie; Sicherheit kann nur durch ständige Anpassung an veränderte Verhältnisse gewonnen werden. Die Euro-Lösung spiegelt realistisch die tatsächlichen Kräftsverhältnisse wider – und stellt damit eine Europäisierung und Rationalisierung der deutschen Währungsverfassung dar – und sie entspricht am ehesten den Bedürfnissen der globalisierten Welt. Der Euro bringt den Deutschen die bestmögliche Sicherheit, da er die Anerkennung der deutschen Werte (Geldwertstabilität etc.) durch die europäischen Partner und Rivalen besiegelt, und er bringt den Europäern ein zeitgemäßes Währungssystem. Ein besseres System ist weit und breit nicht zu erkennen.

20. Somit stellt sich letztendlich nur die Frage: Kommt das in der Tat bestmögliche Währungssystem oder kommt nur das „deutscheste" System? Die Antwort lautet: Das Euro-System ist gut, obwohl es deutsch ist! In diesem Kontext ergibt sich für die Deutschen ein „Kommunikationsproblem": Wenn man „recht" hat, muß man sich das jedoch immer vergeben lassen, insbesondere dann, wenn man vorher (1933-45) sehr im Unrecht war.

21. Ein Europa, das auf Sozialer Marktwirtschaft und Föderalismus beruht und in das ein starkes Deutschland eingebunden ist, verspricht uns allen die bestmögliche Sicherheit und den höchstmöglichen Wohlstand. Der Euro gehört dazu. Es gibt zu ihm keine Alternativen.

Dieter Kilian

Risiken und Chancen einer europäischen Sicherheitspolitik

Im ersten Teil des Beitrages werden ausgewählte Aspekte der europäischen Sicherheitspolitik dargestellt, um diese danach im zweiten Teil am Beispiel des Einsatzes der Bundeswehr im ehemaligen Jugoslawien zu konkretisieren.

1. Meilensteine einer europäischen Sicherheitspolitik

Lassen Sie mich mit einer Auswahl der Meilensteine des europäischen Zusammenwachsens beginnen:

Wir schreiben das Jahr 1950, die NATO ist gerade ein Jahr alt, ein Jahr zuvor zündete die UdSSR die erste Atombombe: Ost-West-Konfrontation pur! Daher prüfen die USA – unter der Bezeichnung „Europäische Verteidigungsgemeinschaft" (EVG) – eine Einbindung Deutschlands gegen die Sowjetunion.

1952 billigt die NATO das Konzept, der Vertrag ist unterzeichnet, aber noch nicht ratifiziert. 1954 aber lehnt die französische Regierung den EVG-Vertrag ab (319:264, 12 Enthaltungen), indem sie das Thema von der Tagesordnung absetzt. Es ist müßig darüber zu streiten, ob die EVG nur am französischen Widerstand scheiterte oder ob einfach die Zeit noch nicht reif dazu war. Heute ist die deutsch-französische Zusammenarbeit der Motor der europäischen Einigung.

1951 wird die „Europäische Gemeinschaft für Kohle und Stahl", die von Anfang an als Grundstein für eine weitere und vertiefte Gemeinschaft unter Völkern und mehr als nur ein Wirtschaftszusammenschluß geplant war, und 1954 die „Westeuropäische Union" (WEU) als europäisches Verteidigungsbündnis gegründet. Drei Jahre später – 1957 – werden die „Europäische Wirtschaftsgemeinschaft" (EWG) und die „Europäische Atomgemeinschaft" (EURATOM) ins Leben gerufen.

1973 kommt es zur ersten Erweiterung: aus sechs Mitgliedsstaaten werden neun (Dänemark, Irland und das Vereinigte Königreich von Großbritannien und Nordirland), und bis 1996 erhöht sich die Mitgliederzahl auf fünfzehn (1981: Griechenland; 1986: Portugal und Spanien; 1996: Finnland, Österreich und Schweden).

1992 wird in Maastricht der Vertrag über die Europäische Union unterzeichnet (Maastricht I-Vertrag), und in diesen fließt ein, was der Nordatlantikrat bereits 1991 beschlossen hatte, nämlich: die Stärkung der Rolle und Verantwortung der europäischen Bündnismitglieder und die Entwicklung einer gemeinsamen Außen- und Sicherheitspolitik.

Die Union soll auf folgenden drei Pfeilern ruhen:

- Europäische Gemeinschaft (u.a. Binnenmarkt und Währungsunion)
- Gemeinsame Außen- und Sicherheitspolitik (GASP) und
- Innen und Rechtspolitik (u.a. Einwanderung, Polizei, Kriminalität).

Hinsichtlich der „Gemeinsamen Außen- und Sicherheitspolitik“ erklären die Mitgliedstaaten der WEU unter Berufung auf Maastricht, dieses Bündnis als Instrument zur Stärkung des europäischen Pfeilers in der Atlantischen Allianz zu entwickeln.

Es soll in einer Doppelfunktion wirken,

- zum einen als Verteidigungskomponente im Prozeß der europäischen Einigung und
- zum anderen als Mittel zur Stärkung des europäischen Pfeilers in der NATO.

Die Ministertagung der WEU im Juni 1992 auf dem Petersberg bei Bonn hat zum Ziel, das Verhältnis von EU und WEU durch die Zuweisung konkreter Aufgaben zu bestimmen. Ziel ist dabei, daß die WEU sich auf Fähigkeiten und Mittel der NATO abstützen kann, um Doppelgleisigkeit zu vermeiden.

Diese Aufgabenteilung ist wie folgt konzipiert:

- Die NATO ist zuständig für die kollektive Verteidigung des Bündnisses,
- die WEU soll sich auf Krisenbewältigung, humanitäre, friedenserhaltende und -schaffende Einsätze beschränken.

Als Maßnahme zur Stärkung dieser Rolle der WEU (sog. Petersberg-Aufgaben) werden vorgeschlagen:

- Die Einrichtung eines WEU-Planungsstabes (Eventualfallpläne und Empfehlungen für Regelungen im Führungs- und Fernmeldewesen; zugeordnete Verbände).
- Die enge militärische Zusammenarbeit (Logistik, Transport, Ausbildung und strategische Aufklärung). So wurde z.B. 1993 in der Nähe von Madrid das Satellitenzentrum der WEU (zur Auswertung von Satellitenbildern) eingerichtet.
- Die Mitgliedsstaaten bestimmten Streitkräfte und Hauptquartiere, die der WEU für mögliche Operationen zugeordnet werden können, und auf bi- und multilateraler Ebene wurden multinationale Verbände wie das EURO-Korps ins Leben gerufen, um damit die Handlungsfähigkeit Europas im Rahmen des Krisenmanagements zu erhöhen.

Die Diskussion in der NATO wird unter der Bezeichnung „Combined Joint Task Force"-Konzept geführt.

- Combined = mehrere Nationen
- Joint = mehrere Teilstreitkräfte (Land-, Luft- und SeeSK)

Konkret heißt dies: die NATO plant ihre Kapazitäten in Form eines Baukastensystems. Im Bedarfsfall werden sie dann für die WEU maßgeschneidert zusammengestellt und damit verfügt die WEU über flexible Strukturen, um in einer Krise schnell reaktionsfähig zu sein. Somit eröffnet sich über das CJTF-Konzept für die WEU die Möglichkeit, auf vorhandene alliierte Ressourcen zurückgreifen zu können.

Diese Diskussion im Bündnis ist langwierig und voller Hürden. Das Hauptproblem besteht darin, Frankreich in die neuen operativen Allianzaufgaben einzubeziehen und es bei den Krisenmanagement-Aufgaben voll zu beteiligen, ohne dabei Frankreichs Selbstbeschränkungen und Status im Bündnis grundsätzlich zu ändern.

Auch über die Rolle und Zuordnung dieser Verbände gibt es anfangs unterschiedliche Auffassungen. So sind Tendenzen erkennbar, diese Verbände ausschließlich für WEU-Operationen vorzusehen und damit getrennte Strukturen aufzubauen.

Nach anfänglichen Differenzen kommt es aber doch zu einer Einigung, so daß nun alle Verbände der WEU, zugleich aber auch der NATO unterstellt und damit auch für Aufgaben der kollektiven Verteidigung eingesetzt werden können. Ab November 97 soll z.B. der Stab des D/NL-Korps in Münster für die WEU bei Bedarf zur Verfügung stehen.

- Verstärkte Rüstungskooperation, mit dem Ziel, die wehrtechnischen Fähigkeiten Europas zusammenzufassen. Für verkleinerte Streitkräfte wird weniger Material gebraucht, und es steht weniger Geld zur Verfügung; von daher können wir uns – wollen wir die Fertigung wirtschaftlich gestalten – langfristig immer weniger Überkapazitäten und Parallelentwicklungen in der Rüstung leisten. Auch die Fragen der Interoperabilität und der Wettbewerbsfähigkeit mit den USA spielen hier eine Rolle.

2. Rahmenbedingungen und Zielsetzung einer europäischen Außen- und Sicherheitspolitik

Die Rahmenbedingungen und die Zielsetzung für die Entwicklung einer europäischen Außen- und Sicherheitspolitik können wie folgt skizziert werden:

- Die Sicherheit Europas ist unteilbar.
- Kein Mitglied der Union kann sich allein verteidigen.
- Europa muß gleichberechtigter, mit einer Stimme sprechender Partner Nordamerikas werden.

- Europäische strategische Handlungsfähigkeit muß die Atlantische Allianz ergänzen, kann sie aber nicht ersetzen.
- Je größer und vielfältiger die EU wird, desto einfacher und klarer müssen ihre Strukturen und ihr Entscheidungssystem sein, und
- hierbei müssen sich atlantische und europäische Sicherheit derselben Strukturen bedienen.

Die Zielsetzung hierbei ist Stabilität, ihre Wirkmechanismen heißen: Kooperation und Integration. Der Begriff Stabilität ist hierbei nicht mehr allein auf die militärische Dimension verengt, sondern muß andere Aspekte wie wirtschaftliche Faktoren und soziale Sicherheit einbeziehen.

Stabilität in und für Europa wird es nur geben, wenn folgende drei Voraussetzungen geschaffen werden:

- Erstens:
  Die transatlantische Bindung bleibt ein wesentlicher Faktor europäischer Sicherheit. Gerade im strategischen Bereich wird Europa von der Verbindung zu den Vereinigten Staaten von Amerika abhängig bleiben (erwähnt seien: Nuklearkomponente, strategische Aufklärung, strategischer Transport und Machtprojektion; Beispiel Bosnien: zur Führung der Friedenstruppe sind 46 Satellitenkanäle im Einsatz, 43 davon gehören den Amerikanern). Angesichts einer reduzierten amerikanischen Truppenpräsenz in Europa ist dieses wichtiger denn je.
- Zweitens:
  Die Europäer müssen in stärkerem Maße Verantwortung übernehmen. Sie müssen insbesondere im Rahmen internationalen Krisenmanagements handlungsfähiger werden. Dies ist nicht nur eine Forderung der Europäer selbst, sondern ist in besonderem Maße auch das Petitum der USA an Europa. Unsere nordamerikanischen Verbündeten werden nicht immer für jede Krise in Europa zur Verfügung stehen. Die Stärkung der WEU und die Vertiefung der Europäischen Union in eine wirkliche politische Union spielen deshalb eine große Rolle.
- Drittens:
  Stabilität wird es nur geben, wenn wir auch die Mittelost- und südosteuropäischen Staaten in dieses Konzept einbinden und Stabilität transferieren.

Hierzu gehört eine vertiefte politische wie militärische Zusammenarbeit mit den neuen Reformstaaten in Europa genauso wie die graduelle und transparente Öffnung der NATO und der WEU/EU für neue Mitglieder, ohne daß neue Gräben, Grauzonen oder Hemisphären entstehen. Die Warteschlange ist lang: Baltikum (Estland, Lettland, Litauen, Polen, Ungarn, Tschechien, Slowakei, Slowenien, Rumänien, Albanien und Mazedonien), und sie bedeutete eine Erhöhung der Mitgliederzahl um etwa 70%. Und hier sind wir bei der Frage der sog. Ost-Erweiterung.

Sie ist weder eine Ausdehnung der militärischen Einflußsphäre, noch eine Expansion, und sie ist gegen niemanden gerichtet. Rußland ist europäische und asiatische Großmacht, es ist die erste Militärmacht auf dem Kontinent – konventionell und nuklear. Von daher gibt es Stabilität nur mit, nicht aber gegen Rußland. Stabile russische Grenzen liegen auch im strategischen Interesse Moskaus. Wichtig ist hierbei, für Rußland ein glaubwürdiger und verläßlicher Gesprächspartner zu sein, der eine echte Sicherheitspartnerschaft anstrebt, und der Rußland als Weltmacht respektiert. Rußland darf jedoch nicht die Möglichkeit eingeräumt werden – z.B. durch ein Veto-Recht –, den Öffnungsprozeß prozedural zu beeinflussen.

Ein Durchbruch schien noch vor dem NATO Gipfel in Madrid im Juli 1997 möglich. Es kommt darauf an, die russischen Sicherheitsinteressen

- Kandidatenauswahl (vor allem im Baltikum),
- Vorschieben der NATO-Infrastruktur und
- Stationierung von NATO-Truppen und Nuklearwaffen

durch vertraglich abgesicherte Zugeständnisse zu berücksichtigen.

Rußland seinerseits muß deutlich machen, daß es an konstruktiven Verhandlungen interessiert ist, die nicht an einem überholten NATO-Bild orientiert sind.

Diese Rahmenbedingungen machen vor allem deutlich, daß sich die europäische und die transatlantische Dimension unserer Sicherheit nicht voneinander trennen lassen. 1997 war in diesem Kontext ein bedeutendes Jahr, waren doch wichtige Weichenstellungen zum Verhältnis EU/WEU zu erwarten.

Ende März hatten sich sechs EU-Staaten (D, F, I, B, Sp, LUX) in Rom dafür ausgesprochen, die WEU schrittweise als europäischen Arm der NATO in die EU einzugliedern, und dieses Verschmelzen sollte in den reformierten EU-Vertrag (Maastricht-II) aufgenommen werden. Hierbei gab es allerdings noch einige Hürden zu überwinden.

Zum einen deckt sich die Mitgliederstruktur der EU nur zum Teil mit der der WEU, und zum anderen hat Großbritannien massiven Widerstand angekündigt (Rifkind: foolish! Es bleibt abzuwarten, wie die neue britische Regierung dazu stehen wird) und die neutralen Staaten (Ö, IR, SW und FIN) lehnen dieses Konzept ebenfalls ab.

3. Risiken und Chancen

Zu den Risiken der gegenwärtigen Entwicklung gehört:

- Die Stärkung des europäischen Pfeilers der Allianz birgt langfristig das potentielle Risiko einer Abkoppelung, zumindest aber einer Entfremdung zwischen den atlantischen und europäischen Mitgliedsstaaten, gibt es doch isolationistische Tendenzen auf beiden Seiten des Atlantik. Daher muß die Ausgestaltung des euro-atlantischen Verhältnisses berücksichtigen, daß Sicherheit und Stabilität in Europa nur von Europäern und Amerikanern ge-

meinsam gewährleistet werden kann. Der transatlantische Sicherheitsverbund bleibt für die Entwicklung einer europäischen Sicherheitsarchitektur unerläßlich.
Nur wenn Europa bereit und fähig ist, einen größeren Teil an der gemeinsamen Last und Verantwortung zu übernehmen, kann es erwarten, daß die Vereinigten Staaten ihr Engagement in und für Europa fortsetzen. Natürlich spielen auf beiden Seiten auch wirtschaftliche Interessen eine wichtige Rolle: Die Investitionen der USA in Europa und europäische in den USA belaufen sich auf etwa 500 Mrd. Dollar pro Jahr.

- Bei einem Anwachsen der Mitgliedstaaten wächst das Risiko, an der Peripherie über die Beistandspflicht in Konflikte auch außerhalb Europas hineingezogen zu werden (z.B. Türkei: nach Süden = Syrien, Irak, aber auch nach Norden [Kaukasus-Region]). Hier kommt es darauf an, den Sicherheitsbegriff großräumiger zu fassen: die europäische Sicherheit kann nicht regional aufgeteilt werden. Die leidvolle Entwicklung auf dem Balkan hat das Bewußtsein in unserer Bevölkerung dafür wachsen lassen, daß die Faustsche Distanz „wenn hinten, weit in der Türkei, die Völker aufeinander schlagen..." heute nicht mehr gültig ist. Der angestrebte Stabilitätstransfer mit den erwähnten Wirkmechanismen „Kooperation und Integration" ist hierbei ein Lösungsansatz, der für den Balkan genauso zutrifft wie für Rußland und den Nahem Osten.
- Ein weiteres Problem ist die nichtkongruente Mitgliedschaft:
  Welchen Einfluß haben z.B. die europäischen Mitglieder der NATO auf Entscheidungen in der WEU, in der sie nicht Vollmitglieder sind (Türkei, Norwegen, Island)? Die Türkei – NATO-Mitglied, aber nicht in der WEU – könnte z.B. ihr Veto gegen die Bereitstellung von NATO-Ressourcen für eine WEU-geführte Operation einlegen, an der z.B. Griechenland als Vollmitglied der WEU beteiligt ist (Zypern). Die EU-Mitglieder Dänemark, Irland und Österreich sind ebenfalls keine WEU-Mitglieder.
- Durch die Beschneidung der Souveränität wird der nationale Handlungsspielraum kleiner, und damit müssen nationale Interessen zurückgeschraubt werden. Diese Abkehr vom nationalstaatlichen Denken ist insgesamt eher stabilitätsfördernd; sie darf auch nicht mit der Preisgabe nationaler Identität verwechselt werden.

Die entscheidende Frage ist: Gibt es eine Alternative zu dieser Zusammenarbeit?

In der Gründerphase der europäischen Einigung vor fünfzig Jahren galt das Motto: Sicherheit für Deutschland und Sicherheit vor Deutschland!

Europa braucht ein stabiles Zentrum. Die geostrategische Lage Deutschlands als bevölkerungsreichster Zentralstaat Europas an der Nahtstelle zwischen West und Ost schließen Abstinenz und beschauliches Zurücklehnen aus. Eine solche Haltung hatte nach der Vereinigung von 1871 zum Wilhelminismus und Imperialismus geführt, mit den entsetzlichen Folgen für Europa und die Welt.

Fest steht, daß das Nordatlantische Bündnis, das über Jahrzehnte Garant unserer Sicherheit war, das Kernelement einer übergreifenden Sicherheitsstruktur für Europa ist und sicherlich auch bleiben wir, denn die NATO ist die einzige, politisch und militärisch handlungsfähige Verteidigungsorganisation. Auf der anderen Seite hat die WEU in dem veränderten sicherheitspolitischen Umfeld wieder an Bedeutung gewonnen, nachdem sie in militärischer Hinsicht über Jahrzehnte ein Schattendasein führte.

Das heißt, die WEU kann den Europäern die Möglichkeit eröffnen, eigenständig militärisch handlungsfähig zu sein – vor allem in solchen Situationen, in denen sich die NATO, insbesondere die USA, nicht engagieren. Die WEU nimmt damit eine wichtige Funktion zwischen der NATO und der EU ein. Seit de Gaulle hatte Frankreich dem Ausbau autonomer, d.h. von der NATO getrennter, WEU-Fähigkeiten Priorität eingeräumt und damit einer stärkeren Annäherung von NATO und WEU enge Grenzen gesetzt.

Die Erklärung des französischen Außenministers de Charette im Dezember 1995, künftig als vollwertiges Mitglied die politische und militärische Fortentwicklung der Allianz aktiv mitzugestalten, bedeutet somit eine radikale Wende französischer Politik, die zur Stärkung der Allianz beitragen wird.

Sicherlich ist der Einigungsbedarf zwischen NATO und WEU noch groß, aber insgesamt wäre ein Scheitern dieses Ansatzes für Deutschland, Europa und die USA weit gravierender als die skizzierten Risiken.

4. Der UN-Einsatz im ehemaligen Jugoslawien

Der Einsatz der Friedenstruppe in Bosnien hat eine neue Qualität, die darin besteht, daß sich einerseits nahezu alle europäischen Staaten gemeinsam an einem Einsatz für Sicherheit und Stabilität in Europa beteiligen, und daß andererseits dieser Einsatz ganz unter dem Dach der NATO und unter Nutzung ihrer bewährten Strukturen erfolgt.

Das europäische Profil *innerhalb* der NATO gewinnt nicht zuletzt durch die praktisch-militärische Relevanz dieses Einsatzes Konturen.

Welche Rolle spielt die Bundeswehr in diesem Einsatz?

Lassen Sie mich mit einem kurzen Rückblick beginnen:

Die Bundeswehr hatte seit 1955 vier Integrationsphasen zu durchlaufen, die bislang in der Militärgeschichte einmalig sind:

1. die Einbindung in den demokratischen Staat,
2. das Hineinwachsen in das Atlantische Bündnis,
3. das Zusammenführen von Soldaten der ehemaligen NVA und
4. die uneingeschränkte Mitarbeit in internationalen Organisationen.

Die Bundeswehr hilft seit 1960 auf vielfältige Weise bei Katastrophenfällen und in humanitären Notlagen, wiederholt wurden Missionen der UN durch finanzielle Beiträge, Bereitstellung von Material und Übernahme von Transporten unterstützt, aber diese Hilfe wurde bis 1991 immer nur aufgrund bilateraler Abkommen geleistet.

Mit dem Ende des Kalten Krieges und der Wiedervereinigung Deutschlands begann die Aufgabenerweiterung der Bundeswehr. Exemplarisch sei an die Einsätze unserer Minensucher im Arabischen Golf und unseren Einsatz in Somalia erinnert.

4.1 Rahmenbedingungen der Aufgabenerweiterung

Der Auftrag der Bundeswehr wurde vor dem Hintergrund der veränderten sicherheitspolitischen Rahmenbedingungen im Weißbuch der Bundesregierung 1994 wie folgt präzisiert: Die Bundeswehr

- schützt Deutschland und seine Staatsbürger gegen politische Erpressung und äußere Gefahr,
- fördert die militärische Stabilität und die Integration Europas,
- verteidigt Deutschland und seine Verbündeten,
- dient dem Weltfrieden und der internationalen Sicherheit im Einklang mit der Charta der Vereinten Nationen und
- hilft bei Katastrophen, rettet aus Notlagen und unterstützt humanitäre Aktionen.

Die Rechtslage wurde präzisiert: Das Bundesverfassungsgericht schuf mit seinem Urteil vom 12. Juli 1994 verfassungsrechtliche Klarheit in bezug auf den Einsatz deutscher Streitkräfte im internationalen Rahmen; hierzu nur zwei Bemerkungen:

1. Das Gericht stellte fest, daß Artikel 24 Absatz 2 des Grundgesetzes nicht nur die generelle deutsche Einordnung in ein System gegenseitiger kollektiver Sicherheit regele, sondern auch die Grundlage darstelle, die „mit der Zugehörigkeit zu einem solchen System typischerweise verbundenen Aufgaben zu übernehmen“, daß ergo ein Einsatz der Bundeswehr durch das Grundgesetz abgedeckt sei.

2. Das Gericht verlangte in seinem Urteil jedoch vor jedem Streitkräfteeinsatz eine Zustimmung des Bundestages. Durch die Auflage, daß diese nur mit einfacher Mehrheit erfolgen muß, wird die Handlungsfähigkeit der Exekutive nur geringfügig beeinträchtigt.

Die Bundeswehr war seit ihrem Bestehen in Bezug auf Organisation, Struktur und Ausrüstung auf einen Einsatz im eigenen Lande ausgerichtet, in den NATO-Rahmen eingebettet und für einen Einsatz außerhalb Mitteleuropas nicht ohne größere Vorbereitungen handlungsfähig.

Nach der Veränderung der sicherheitspolitischen Bedingungen und der Erweiterung des Auftrages galt es zunächst die erforderlichen Kräfte aufzubauen, wobei darauf hingewiesen werden muß, daß – unbeschadet der sehr geringen Wahrscheinlichkeit des Eintretens einer solchen Lage – der Hauptauftrag der Bundeswehr die Landesverteidigung ist und Auslandseinsätze die Ausnahme bilden. In der öffentlichen Diskussion stellt sich dies oft anders dar.

Es entstanden drei Streitkräftekategorien:

- die präsenten Krisenreaktionskräfte (KRK),
- die weitgehend mobilmachungsabhängigen Hauptverteidigungskräfte (HVK) und
- die militärische Grundorganisation (Ausbildungseinrichtungen/Schulen/Versorgung).

Ein kurzer Blick auf die sogenannten KRK (Krisenreaktionskräfte):

Die Bundeswehr plant, folgende Kräfte für Auslandseinsätze bereitzuhalten:

Heer:	von 233.400	37.000	Soldaten (= ca. 16%)
Luftwaffe:	von 77.400	12.300	Soldaten (= ca. 16%) und
Marine:	von 27.200	4.300	Soldaten (= ca. 16%)
gesamt	338.000	53.600	

Diese Kräfte müssen mit Vorauskommandos in drei bis sieben Tagen, insgesamt innerhalb von fünfzehn Tagen, verlegebereit sein. Die Planung sieht vor, diese Truppen bis etwa zum Jahre 1998/99 einsatzbereit zu haben.

Als Grundsatz gilt: Die KRK-Truppenteile bestehen nur aus Zeit- und Berufssoldaten. Wehrpflichtige werden bei Auslandseinsätzen nur dann eingesetzt, wenn sie sich freiwillig melden und den zehnmonatigen Grundwehrdienst entsprechend verlängern.

4.2 Anforderungen und Probleme

Welche Anforderungen, welche Probleme waren zu bewältigen? Auch hier nur einige Beispiele:

Der Bundesminister der Verteidigung als „Inhaber der Befehls- und Kommandogewalt im Frieden“ (Art. 65a GG) besaß kein geeignetes Instrumentarium für eine nationale Einsatzführung im Frieden. Die rein deutsche Führungsebene hörte beim Korps auf und ging dann auf die NATO-Kommandobehörden über. Nur nationale Aufgaben und der Friedensbetrieb oblagen dem Bundesminister der Verteidigung. Dessen Organisation und Verfahrensabläufe auf der Grundlage der Gemeinsamen Geschäftsordnung der Bundesregierung (GGO) waren jedoch für eine Einsatzführung im Frieden nicht geeignet. Daher wurde eine neue Führungsstruktur geschaffen:

Im Ministerium entstand ein Führungszentrum der Bundeswehr, das den politischen Willen des Inhabers der Befehls- und Kommandogewalt umsetzt und zwischen Heer, Luftwaffe und Marine koordiniert.

Im Heer wurde das sog. „Heeresführungskommando“ geschaffen; analog ein Führungskommando bei der Luftwaffe. Die Marine blieb bei ihrem bewährten Flottenkommando.

Die Ausrüstung war den neuen Erfordernissen anzupassen; so z.B. in bezug auf die Bekleidung, die den Anforderungen auch anderer Klimazonen gerecht werden mußte. Verlegbare Unterbringungsmöglichkeiten und mobile Küchen für größere Truppenkontingente und die dazu erforderlichen Sanitäreinrichtungen mußten beschafft werden. Die Containertechnologie bot hier eine Lösung.

Auch die Ausbildung mußte angepaßt werden, denn die neuen möglichen Einsatzspektren verlangen Sonderformen, die nicht zur normalen militärischen Ausbildung gehören (z.B. die Sicherstellung einer Wahldurchführung). Der Nachholbedarf in bezug auf Erfahrung und Ausbildung wurde in enger Zusammenarbeit mit den Staaten abgebaut, die über lange UN-Erfahrung verfügen. Heute führt das deutsche Heer die mehrwöchige Ausbildung in eigener Zuständigkeit durch.

Aber es waren nicht nur Ausrüstung und Ausbildung, die zu ändern waren: Auch das Denken mußte den neuen Anforderungen angepaßt werden. Der Soldat muß sich heute – anders als in der Vergangenheit – darauf einstellen, ggf. innerhalb kürzester Zeit (d.h. weniger Tage) für Monate in ein Einsatzland kommandiert zu werden. Der Soldat muß sich mit Fragen des Todes, mit Verwundung und Gefangennahme, aber auch mit Leid und Elend im Einsatzland konkreter auseinandersetzen als in der Vergangenheit. Hierüber ist auch das Gespräch mit der Familie zu führen.

In Kambodscha kam der erste Soldat im Einsatz ums Leben. Welchen Einfluß Verluste auf die Haltung der Bevölkerung haben, wurde deutlich, als die Bilder verstümmelter amerikanischer Soldaten in Somalia die Welt schockierten. In Bosnien ist uns dies bisher erspart geblieben, aber Unfälle sind unvermeidlich.

Die tägliche Dienstzeit im Einsatz richtet sich nach den Erfordernissen des Auftrags, was bedeutet: Sieben-Tage-Woche und zwölf Stunden pro Tag und auch mehr.

4.3 Friedenstruppen

Nun zum Einsatz im ehemaligen Jugoslawien: Der Vertrag von Dayton beendet die Kampfhandlungen; er wird am 14. Dezember 1995 in Paris unterzeichnet. Die politischen Ziele sind:

- Aufbau tragfähiger politischer Strukturen,
- Schaffung eines militärischen Gleichgewichts auf niedrigem Niveau,
- Achtung der Menschenrechte,
- gesicherte Eigentumsverhältnisse und
- wirtschaftlicher Wiederaufbau.

Mit der VN-Resolution 1031 ist der Weg frei für den Einsatz der internationalen Friedenstruppe „Implementation Force" (IFOR) in einer Stärke von etwa 60.000 Soldaten aus 31 Staaten.

Was „international" heißt, sei an folgenden Beispielen verdeutlicht:

- die sog. NORDPOL-Brigade zum Beispiel hat,
  + ein polnisches Bataillon
  + unter einem dänischen Brigadekommandeur, der
  + wiederum einem amerikanischen Divisionskommandeur untersteht.
- Dem Deutsch-Französischen Einsatzverband untersteht
  + eine italienische und
  + eine spanische Brigade und er hat des weiteren noch
  + Kontingente aus der Ukraine, Portugal und Albanien.
- Eine der zahlreichen Brücken, die wieder aufgebaut wurden, entstand wie folgt:
  + britische Planung,
  + deutsch-ungarische Bauausführung,
  + österreichischer Materialtransport,
  + im französischen Divisionsbereich und
  + gesichert durch Portugiesen.

Noch vor wenigen Jahren wäre eine solche Zusammenarbeit unvorstellbar gewesen.

Lassen Sie mich nun einen Blick auf die Beteiligung der Bundeswehr werfen:

Am 6. Dezember 1995 entschied sich der Deutsche Bundestag mit großer Mehrheit für eine Beteiligung der Bundeswehr. Erste Kräfte werden noch vor Weihnachten 1995 in das ehemalige Jugoslawien verlegt; sie werden allerdings in Kroatien, nicht in Bosnien-Herzegowina stationiert. An diesem Einsatz sind

- ca. 2.700 Soldaten Heeressoldaten (GECONIFOR L) und
- ca. 300 weitere Soldaten in internationalen Hauptquartieren beteiligt.

Am 20. Dezember 1996 erlischt das Mandat von IFOR. Ohne Zweifel hat IFOR die gestellten Aufträge

- Beendigung der Kampfhandlungen,
- Entflechtung der Kriegsparteien und Abzug ihres Großgerätes,
- Überwachung der Einhaltung des Waffenstillstandes,
- Hilfestellung bei der Wiederherstellung der Verkehrsinfrastruktur und
- Unterstützung der OSZE bei der Durchführung der Wahlen

erfüllt.

4.4 SFOR

Die „Stabilization Force“ (SFOR) übernimmt im Dezember 1996 ein geändertes Mandat, das bis Mitte 1998 begrenzt ist. Die Truppenstärke wird von 60.000 auf etwa 40.000 Soldaten verringert. Die Stärke des deutschen Anteils von SFOR ist nahezu gleich geblieben, jedoch sind nunmehr alle deutschen Truppen in Bosnien-Herzegowina stationiert, eine Entwicklung, die noch vor zwei Jahren niemand zu prognostizieren gewagt hätte.

5. Ausblick

Wohin wird die „Reise“ gehen? Es wird mit Sicherheit keine weltweiten Einsätze geben. Dies ist weder politisch gewollt, noch mit den vorhandenen Kräften und Mitteln abzubilden. Bei der Diskussion um Auslandseinsätze der Bundeswehr wird übersehen, daß sich das Volumen bislang immer nur in einer Größenordnung von etwa 1% der Personalstärke der Bundeswehr bewegt hat.

Deutschland wird seine militärische Beteiligung an UN-Einsätzen auch in Zukunft

- jeweils im Einzelfall,
- vor dem Hintergrund seiner Rechts- und Wertvorstellungen,
- seiner nationalen Interessen und seiner internationalen Verpflichtungen, sowie den sich daraus ergebenden politischen Zielsetzungen, Risiken und möglichen Folgen

prüfen.

Dem Einsatz in Somalia stand die deutsche Öffentlichkeit eher skeptisch, zumindest aber sehr zögerlich gegenüber. Seit 1996 ist in Politik und Gesellschaft der Konsens in dieser Frage gewachsen und stellt eine unverzichtbare Rückendeckung für die Motivation und die Moral der Truppe dar.

Die Bundeswehr hat mit der Einbindung in SFOR die erwähnte 4. Integrationsphase, die eines vollen Partners und der uneingeschränkten Mitarbeit in internationalen Organisationen abgeschlossen.

Die sicherheitspolitische Entwicklung seit 1989 hat deutlich gemacht, daß Bündnisse wie die NATO und die WEU nicht überholt sind. Im Gegenteil: Sie sind heute wichtiger denn je. Allerdings müssen sie den neueren geopolitischen Gegebenheiten angepaßt werden – inhaltlich und auch strukturell.

Eine Wirtschafts- und Währungsunion braucht die Ergänzung durch eine politische Union, die auch die Sicherheits- und Verteidigungsfunktion übernehmen kann. Ziel ist gleiche Stabilität und Sicherheit in Europa und damit die Kongruenz der Mitgliedschaften der europäischen Staaten in EU, WEU und NATO.

Dietrich Rümker

Der Euro ist da! Was ist zu tun?

Auswirkungen des Euro auf den Bankensektor

Nachdem bereits ausführlich die gesamtwirtschaftlichen Aspekte der Europäischen Währungsunion beleuchtet worden sind, möchte ich im folgenden ausführen, wie sich die EWU konkret auf die Geschäftstätigkeit sowohl unserer Kundschaft als auch auf den Bankensektor selbst auswirken wird.

Zunächst möchte ich voranstellen, daß – völlig unabhängig davon, wie ich persönlich dazu stehe – wir von einem pünktlichen Start der EWU im Jahr 1999 ausgehen. Die Entscheidung zur Währungsunion ist in erster Linie politisch. Noch ist nicht abzusehen, ob die Währungsunion als Kernwährungsunion oder als große Währungsunion startet oder doch noch verschoben werden wird. Für uns gilt, daß wir uns unabhängig davon mit voller Intensität auf den Euro vorbereiten.

Alles, was mit Geld zu tun hat, und damit sind wir beim Euro, läuft über die Banken. Sie sind die Nahtstelle zwischen dem DM- und dem Euro-Geldkreislauf. In den Banken selber sind durch die EWU nahezu alle Geschäftsbereiche – von der Anleihe bis zum Zahlungsverkehr – betroffen. Daneben müssen wir den größten Teil des Informations- und Beratungsbedarfs abdecken.

Der auf den Banken lastende Zeitdruck ist enorm. Vom ersten Handelstag des Jahres 1999 an müssen wir in der Lage sein, die Nachfrage der Kunden nach Euro-Produkten zu bedienen. Dies ist zunächst eine große technische Herausforderung, für die gilt, daß derjenige, der erst damit anfängt, wenn die Gründung der EWU als sicher gelten kann, bereits hoffnungslos im Hintertreffen ist.

In unserem Hause arbeitet bereits seit August 1995 eine Projektgruppe an den verschiedenen Einzelthemen zur Umstellung auf die neue Währung.

Zusätzliche Probleme ergeben sich daraus, daß viele der notwendigen Rahmenbedingungen noch nicht im einzelnen feststehen und wir uns in der Vorbereitung auf alle Optionen einstellen müssen.

Die gesamten Umstellungskosten werden für die Kreditwirtschaft europaweit auf rund 25 Mrd. ECU (ca. 49 Mrd. DM) geschätzt. Die S-Finanzgruppe, zu der die Sparkassen und Landesbanken gehören, rechnet mit Umstellungskosten in der Größenordnung von 3 bis 5 Mrd. DM; allein der Beratungsaufwand wird auf 1 Mrd. DM veranschlagt. Wir selbst veranschlagen einen Aufwand von 30-50 Mio. DM.

Im folgenden möchte ich drei Aspekte näher beleuchten:

- Erstens die Umstellung des Zahlungsverkehrs,
- zweitens die Auswirkungen des Euro auf die Finanz- und Wertpapiermärkte,
- drittens werde ich den Anpassungsbedarf für Unternehmen und Kommunen umreißen,
- als vierten Punkt komme ich auf die Auswirkungen der EWU auf unser eigenes Geschäftsfeld, die Kreditwirtschaft, zu sprechen.

Umstellung des Zahlungsverkehrs

Die Einführung des Euro basiert auf dem Grundprinzip „Keine Behinderung – kein Zwang". Das heißt, kein Bürger und kein Unternehmen in den Ländern, die am 1.1.1999 den Euro einführen, darf zur Benutzung des Euro gezwungen werden oder an der Verwendung des Euro gehindert werden. Ohne hier auf die juristischen Feinheiten einzugehen, bedeutet dies für die 3 1/2jährige Übergangsfrist vom 1.1.1999 bis 30.6.2002 de facto eine Koexistenz von DM und Euro.

Für die Banken ergibt sich daraus, daß sie ab dem 1.1.1999 „zweiwährungsfähig" sein müssen. Die Kreditwirtschaft in der Bundesrepublik hat sich auf ein gemeinsames Vorgehen verständigt, das die reibungslose Abwicklung des Zahlungsverkehrs nach dem 1.1.1999 garantiert.

Grundsätzlich werden die Konten in der Übergangszeit bis zum 31. Dezember 2001 in D-Mark geführt. Um Unternehmen eine möglichst große Flexibilität bei der Wahl des Zeitpunkts der Umstellung des internen Rechnungswesens zu geben, können gesonderte Vereinbarungen mit den Kreditinstituten getroffen werden, das Konto bereits ab dem 1. Januar 1999 auf den Euro umzustellen bzw. ein zusätzliches Konto in Euro einzurichten.*

Lassen sie mich ein Beispiel geben, wie für Sie als Bankkunde ab dem 1.1.1999 eine Überweisung aussehen wird:

- Unabhängig davon, auf welche der beiden Währungsangaben Ihr eigenes Konto und das Konto des Empfängers lautet, können die Überweisungsaufträge wahlweise in D-Mark oder in Euro erteilt werden.

---

* Für die Abwicklung des Zahlungsverkehrs ist es jedoch nicht zwingend erforderlich, daß Sie zwischen dem 1.1.1999 und dem 31.12.2001 parallel zwei Konten unterhalten. Unternehmen und Privatpersonen können ihren gesamten Zahlungsverkehr in D-Mark oder in Euro über ein bestehendes Kontokorrentkonto abwickeln.

- Bei der Auftragserteilung ist nur eine Betragsangabe, entweder D-Mark oder Euro, möglich.
- Die Umrechnung in die entsprechende zweite Währung erfolgt in den Banken.
- Die Abbuchung bzw. die Gutschrift erfolgt dann ausschließlich in der Währung, in der das Konto geführt wird.
- Die Kontoauszüge werden sich dahingehend ändern, daß der entsprechende Vorgang einmal in Euro und in der nationalen Währung aufgeführt sein wird.[2]

Durch die Währungsumstellung wird sich der Auslandszahlungsverkehr grundlegend verändern. So wird sich die technische Abwicklung des Auslandszahlungsverkehrs deutlich beschleunigen. Über die verschiedenen nationalen Zahlungsverkehrssysteme kommt ein einheitliches Dach, mit dem alle Systeme sehr viel schneller miteinander kommunizieren können.

Dieses System, ursprünglich lediglich für die Abwicklung der geldpolitischen Großbetragszahlungen geplant, trägt den Namen „TARGET". Dieses Kürzel steht für den transeuropäischen zeitgleichen automatisierten Großbetrags-Express-Transfer (Trans-European Automated Real-Time Gross Settlement Express Transfer). TARGET besitzt, datenverarbeitungs-technisch gesprochen, Schnittstellen zu allen nationalen Zahlungsverkehrssystemen. Es ist für die zukünftige Europäische Zentralbank entwickelt worden, damit Zahlungen mit allen Euro-Ländern unter einem einheitlichen System abgewickelt werden können.

Damit kommt dem System bei der Effizienzsteigerung des Auslandszahlungsverkehrs eine strategische Bedeutung zu. TARGET wird zum Maßstab (Benchmark), an dem sich die privatwirtschaftlich organisierten, grenzüberschreitenden Zahlungsverkehrssysteme der Kreditwirtschaft orientieren müssen. Diese Systeme müssen genauso schnell, genauso preiswert und genauso sicher sein wie das TARGET-System.

Für die Kunden bedeutet dies, daß der Auslandszahlungsverkehr schneller und kostengünstiger abgewickelt wird.

Bei der Bargeldumstellung ist noch nicht das letzte Wort gesprochen. Hier stehen zwei Varianten zur Diskussion: Der Umtausch der D-Mark-Scheine und -münzen an einem verlängerten Wochenende auf der einen Seite und auf der anderen Seite die vom Maastrichter-Vertrag vorgesehene 1/2jährliche Parallelexistenz von Euro und D-Mark-Bargeld.

---

2 Um den Kunden die entsprechenden Veränderungen deutlich zu machen, werden die Kreditinstitute die Vordrucke für Überweisungen, Schecks und Lastschriften, aber auch die Erfassungsmasken im elektronischen Zahlungsverkehr und im Home-Banking anpassen. Für Sie als Kunde bedeutet dies letztendlich: Sie sollten die Überweisung, mit der Sie eine Rechnung bezahlen, immer in der Währung ausstellen, D-Mark oder Euro, in der der Betrag auf der Rechnung angegeben ist. Die Kreditinstitute stellen dann sicher, daß der von Ihnen in Auftrag gegebene Zahlungsbetrag beim Empfänger pfennig- bzw. cent-genau ankommt.

Eine Sorge ist allen zu nehmen. Auch nach dem 30.6.2002, wenn die D-Mark ihre Funktion als Zahlungsmittel verliert, wird man weiter seine D-Mark-Scheine und -münzen bei den Banken umtauschen können.

Die Kreditwirtschaft erwartet, daß mit der Europäischen Währungsunion alle Systeme des bargeldlosen Bezahlens, insbesondere die zum Anfang 1997 eingeführte elektronische Geldbörse einen deutlichen Schub in der Verbreitung erfahren werden.

Auswirkungen des Euro auf die Finanzmärkte

Im einheitlichen Währungsraum der EWU wird ein Rentenmarkt entstehen, der wesentlich größer, tiefer und liquider sein wird als die heutigen nationalen Märkte. Den Marktteilnehmern eröffnen sich dadurch neue Chancen in Form erweiterter Finanzierungs- und Anlagemöglichkeiten. Schon in einer Kern-EWU entstünde der zweitgrößte Anleihemarkt der Welt. Zum Jahresende 1995 umfaßte der europäische Rentenmarkt ein Volumen von rund 77% des US-Dollar-Anleihenmarkts und von 178% des japanischen Rentenmarkts.

Die Geldmarktzinsen werden in allen Mitgliedsländer der EWU identisch sein, da die Europäische Zentralbank die alleinige Verantwortung für den Euro-Währungsraum besitzt.

Auch im Bereich kürzerer Laufzeiten ist mit einem Einebnen der Renditeabstände zu rechnen.

Bei den langfristigen Kapitalmarktzinsen wird es allerdings weiterhin Renditeunterschiede innerhalb der EWU geben.

Diese Renditeunterschiede werden nun nicht mehr durch das Wechselkursrisiko geprägt, sondern richten sich zum einen nach der Bonität des Schuldners und zum anderen nach der Größe, Liquidität und Differenzierung der Marktsegmente.

Die erhöhte Transparenz auf den Rentenmärkten der EWU wird die Bonitätsunterschiede zwischen den Emittenten stärker hervortreten lassen. Staaten mit unsolider Haushaltspolitik werden voraussichtlich mehr noch als heute mit einer Risikoprämie in Form höherer Zinssätze bei der Emission von Anleihen bestraft, da sie ihre Schulden in einer Währung bedienen müssen, die sie national nicht mehr steuern können.

Da der deutsche Rentenmarkt nach Liquidität, Bonität und technischer Abwicklung zu den attraktiven Märkten der EWU zählt, werden Bundesanleihen voraussichtlich auch in Zukunft die niedrigsten Renditen aufweisen und als Orientierungsgröße („benchmark“) fungieren können. Andere Staaten, insbesondere Frankreich, werden versuchen, deutschen Staatsanleihen diese Funktion streitig zu machen. Der Wettbewerb der Finanzplätze wird sich zweifellos intensivieren. Dazu zählt, daß bei kurzfristigen Staatspapieren und sehr langfristigen Bundesanleihen angemessene Volumina emittiert werden, um einen liquiden Markt über das gesamte Laufzeitenspektrum zu schaffen.

In diesem Kontext ist vor allem die Frage des Zeitpunktes der Umstellung der Staatsanleihen in den EWU-Teilnehmerländern entscheidend. Generell gilt, daß ab dem 1.1.1999 alle handelbaren Neuemissionen in Euro begeben werden.

Frankreich, Belgien und die Niederlande haben sich bereits dafür ausgesprochen, auch ihre Altemissionen bereits am 1.1.1999 auf Euro umzustellen. Die frühzeitige Umstellung der Altschulden ist ein wichtiger Faktor im Wettbewerb der Finanzplätze.

In Deutschland ist hierzu noch keine endgültige Entscheidung gefallen. Gleichwohl ist zu erwarten, daß zumindest der Rentenhandel in liquiden Titeln (z.B. Bundestitel, Jumbo-Pfandbriefe) von Beginn der EWU an nur noch in Euro erfolgt. Auch wir in der Landesbank werden Emissionen in Euro begeben.

Im Anlagegeschäft haben wir es somit ab dem 4. Januar 1999, dem ersten Handelstag in Euro, mit einem sehr komplizierten Nebeneinander von Euro und DM zu tun, so z.B.

- findet der gesamte Handel an den Börsen in Euro statt;
- führen die Kreditinstitute den Handel und die Abwicklung von Wertpapiergeschäften in Euro durch;
- erfolgen die Kursveröffentlichungen z.B. in der Presse in Euro;
- wird der überwiegende Teil der 16,2 Millionen Wertpapierdepots in der Bundesrepublik (davon 3,6 Mio in der S-Finanzgruppe) zunächst noch in D-Mark geführt. Entsprechend dem o.g. Prinzip hat aber jeder Kunde die Wahlfreiheit, auch Euro-Depots einzurichten.[3]

Diese komplizierte, unübersichtliche Konstellation werden wir in der Praxis für den Bankkunden im Anlagegeschäft möglichst übersichtlich gestalten. So erfolgt die Abrechnung von Anlagegeschäften über das laufende Konto, so daß hier keine zusätzlichen Aufwände entstehen. Die Abrechnungen für das Wertpapierdepot werden in der gewählten Währung des Depots (D-Mark oder Euro) dargestellt und sind damit sofort nachvollziehbar.

---

3 Die AG's stellen je nach eigener Präferenz in der Übergangsphase bis zum 31. Dezember 2001 ihr Grundkapital auf Euro um. Parallel dazu stellen die Gesellschaften die Nennbeträge ihrer Aktien auf Euro um oder führen die Stückaktie ein.
Die Abrechnung von Wertpapiertransaktionen erfolgt auf der Basis der an den Finanzplätzen geltenden Euro-Kurse. Der Gegenwert des Geschäftes wird über das laufenden Konto abgerechnet, das in D-Mark oder in Euro geführt werden kann.
Anders als beim Zahlungsverkehr haben sich die Kreditinstitute in der Bundesrepublik hier noch nicht auf ein gemeinsames Vorgehen verständigt.

Anpassungsbedarf für Unternehmen und Kommunen

Selbstverständlich sind die Auswirkungen für die Unternehmen abhängig von Branchenzugehörigkeit und Betriebsgröße. Es gilt, je mehr Auslandskontakte das Unternehmen hat, desto gravierender sind die Veränderungen, die die Einführung des Euro mit sich bringt.

Im Kern ermöglicht die Einführung des Euro den direkten Preisvergleich zwischen identischen Produkten aus verschiedenen Bezugsländern. Ein Marktforschungsinstitut hat vor kurzem die folgenden Daten veröffentlicht: nach heutigen Umrechnungskursen würde eine Flasche des Tafelwassers Perrier in Frankreich 51 Cents, in Deutschland 80 Cents und in Österreich 1,53 Euro kosten.

In Zukunft können Unternehmen und private Verbraucher in viel größerem Umfang dort einkaufen, wo die Preise am niedrigsten sind. Heute wird dies noch durch die sich aus Währungsumtausch, Wechselkursrisiko und Auslandszahlungsverkehr ergebenden erhöhten Transaktionskosten behindert. Damit ist die Chance für eine weitere Intensivierung der wirtschaftlichen Verflechtungen in Europa und den damit verbundenen erhöhten Exportchancen für hiesige Unternehmen gegeben. Für den Einzelhandel stellt sich ein gesondertes Problem: Das Finden neuer akzeptabler Schwellenpreise in Euro. Dazu ein Beispiel: Aus 9,90 DM, 49 DM oder 99 DM werden, ein Umrechnungskurs von 1,95 DM vorausgesetzt, 5,08 Euro, 25,13 Euro oder 50,80 Euro. Es müssen also neue Schwellenpreise gefunden werden. Die Sorge der Verbraucher vor einer damit einhergehenden Preisanhebung halte ich für unbegründet, da der intensivierte Wettbewerb dem entgegenstehen wird.

Betriebsintern erforderlich ist die Umstellung des Rechnungswesens spätestens zum 1.1.2002. Dann muß das gesamte betriebliche und steuerliche Rechnungswesen, die Kunden- und Personalbuchhaltung sowie das Controlling und das Berichtswesen in Euro erstellt werden. Für diese unterschiedlichen Verfahren sollte ein einheitlicher Umstellungszeitpunkt gewählt werden.

Rückgrat des betrieblichen Rechnungswesens sind heute datenverarbeitungs-technische Anwendungen. Unternehmen sollten daher bereits frühzeitig mit ihren Software-Lieferanten in Kontakt treten, um sicherzustellen, daß zu dem gewählten Umstellungzeitpunkt auf die richtigen DV-Verfahren zugegriffen werden kann.

Nicht zuletzt stehen die Unternehmen auch gegenüber ihren Mitarbeitern in der Pflicht, sie über das beabsichtigte Vorgehen bei der Einführung des Euro zu informieren. Dabei geht es zum einen darum, Unsicherheiten der Mitarbeiter, z.B. in Bezug auf die Gehaltszahlungen abzubauen, aber natürlich auch um Schulungsmaßnahmen, um Fehler im Umgang mit zwei Währungen zu vermeiden.[4]

---

4 Auf die Handelsunternehmen kommt insbesondere mit der Einführung des Euro als Bargeld spätestens zum 1.1.2002 das Problem zu, daß für eine gewisse Zeit zwei Währungen in der Form von Bargeld parallel existieren.

Die genannten Punkte lassen sich zum großen Teil auch auf die Aufgabenstellung der Kommunen und der Verwaltung der öffentlichen Hand in Bund und Ländern übertragen. Hier kommen allerdings noch einige erschwerende Punkte hinzu. Von der neuen gemeinsamen Währung werden alle Bereiche der öffentlichen Finanz- und Haushaltswirtschaft betroffen sein. Alle Dienstleistungsbereiche der Kommunen mit Barverkehr stehen in der Phase des parallelen Umlaufs von D-Mark- und Euro-Bargeld vor besonderen Problemen. Das Buchführungs- und Rechnungswesen, Prüfung, Statistik und Berichtswesen, Planung und Haushaltsüberwachung, die Abschlüsse, kurz alle Vorgänge mit monetären Grundlagen müssen umgestellt und angepaßt werden.

Da die Kommunen ihre Handlungen auf Rechtsnormen stützen, müssen entsprechende Rechtsänderungen vorgenommen werden. Das kommunale Recht hat vielfach die Währungsangabe als Grundlage für ihre finanziellen Leistungen und Verpflichtungen. Auf der Basis gesamtstaatlicher Regelungen ist das kommunale Recht deshalb auf alle währungsbezogenen Angaben hin zu überprüfen. Auf dieser Grundlage müssen die Kommunen dann alle Bescheide, Rechnungen, Formulare, Belege, Kassen und Automaten auf die neue Währung umstellen. Hierfür ist wie bei Unternehmen frühzeitig der Kontakt zu den entsprechenden Software-Herstellern zu suchen.

Die Landesbank Kiel als öffentlich-rechtliches Kreditinstitut und Partner der öffentlichen Hand sieht hier einen erheblichen Beratungsbedarf. Auf der letzten Tagung der Kämmerer der Kommunen des Landes Schleswig-Holstein im Hause der Landesbank haben wir daher das Thema „Der Euro in den Kommunen" ins Zentrum gestellt.

Auswirkungen der EWU auf die Kreditwirtschaft

Die Einführung des Euro ist nicht nur eine technische Herausforderung, sondern auch geschäftspolitisch eine Zäsur.

Die Auswirkungen der Währungsunion auf das Bankgeschäft sind bezüglich ihrer Vor- und Nachteile zunächst extrem asymmetrisch. Sehr einfach und konkret lassen sich die direkten Kosten und die damit verbundenen Ertragseinbußen beziffern – bedeutend schwieriger fällt es, das neue Ertragspotential zu quantifizieren.

Die direkten Kosten sind zunächst die Ertragsausfälle beim europaweiten Zahlungsverkehr und bei Devisen-, Swap- und Sortengeschäften mit Wäh-

---

Schlimmstenfalls müssen zwei Kassen nebeneinander aufgestellt werden, um mit den Kunden entsprechend abrechnen zu können. Die Kreditwirtschaft erwartet im übrigen, daß im Zusammenhang mit dieser Problematik alle Systeme des bargeldlosen Bezahlens, insbesondere die zum Jahresanfang 1997 eingeführte Geldkarte, einen deutlichen Schub in der Verbreitung erfahren werden.

rungen der beteiligten Länder. Hier rechnen die Banken europaweit mit dem Wegfall währungsbedingter Erträge von bis zu 40 Mrd. DM pro Jahr.

Diese Einnahmeausfälle müssen durch zielorientierte Umstrukturierungen im Auslandsgeschäft kompensiert werden, z.B. durch die Intensivierung des Devisenhandels mit konvertiblen Währungen der emerging markets in Asien, Lateinamerika und Osteuropa sowie mit dem Euro als gleichwertige Welthandelswährung gegenüber Dollar und Yen.

In unserer Positionierung als Bank des Nordens versprechen wir uns einen Wettbewerbsvorteil über unsere Kopenhagener Niederlassung im spezifischen Handel von Euro gegen die skandinavischen Währungen, die nicht oder nicht sofort der EWU angehören werden, d.h. der Währungen Norwegens, Dänemarks und Schwedens.

Durch den Wegfall der festen DM-Refinanzierung und der Provisionserträge werden auf die deutschen Banken erhöhte Belastungen zukommen. Deutsche Institute verlieren den Vorteil von DM-Häusern, was ihnen in der Vergangenheit niedrige Kapitalbeschaffungskosten beschert hat und ein wichtiges Akquisitionsinstrument im internationalen Geschäft war.

Die Finanzmärkte Europas werden weiter zusammenwachsen und dadurch den Wettbewerbsdruck für die Banken im gesamten Euro-Währungsraum weiter erhöhen, da ausländischen Instituten der Marktzugang durch den Euro erleichtert wird.

Künftig können ausländische Banken im Euro-Währungsraum Kredite an Unternehmen in anderen EWU-Mitgliedsländern ohne Währungsrisiken finanzieren.

Die Auswirkungen der EWU auf die Kreditwirtschaft sind jedoch nicht für alle Kreditinstitute gleich, sondern müssen nach Banktypen und Geschäftsfeldern differenziert werden. Die Banken werden im whole-sale banking wesentlich stärker betroffen sein als im retail-banking. Kleinere Banken werden aufgrund ihrer lokalen Marktkenntnis den Wettbewerbsdruck nicht so stark zu spüren bekommen wie die Großbanken.

Durch die einheitliche Währung erhöht sich die Preistransparenz auf den Kapitalmärkten in Europa – in Verbindung mit den generellen Globalisierungstendenzen auf den Güter- und Finanzmärkten wird dies vermutlich zu einer starken Zunahme von grenzüberschreitenden Großgeschäften in Europa führen. Der Wettbewerb um Großkunden wird sich besonders stark verschärfen, da diese auch als erste zur Verwendung des Euro übergehen werden.

In Reaktion auf den steigenden Wettbewerbsdruck sind auch im Bankengewerbe (wie auch in der Industrie) weitere Fusionen und Zusammenschlüsse zu erwarten.

Wir gehen allerdings davon aus, daß die gestiegene Preistransparenz durch den Euro den Vorteil der Banken im Heimatmarkt nicht vollständig wird neutralisieren können, da geographische Nähe, kulturelle und sprachliche Verbundenheit nach wie vor komparative Wettbewerbsvorteile verschaffen.

Mit der Einführung des Euro ergeben sich auf der anderen Seite jedoch eine Vielzahl von Chancen.

Die Veränderungen der Geschäfts- und Konkurrenzsituation bieten einen Anlaß, die Geschäftsbeziehungen zu intensivieren. Mit der Europäischen Währungsunion entsteht die Chance, die eigene Position auf den Auslandsmärkten erheblich zu stärken.

Unter der Voraussetzung einer stabilitätsorientierten Wirtschafts- und Währungspolitik dürfte dem Euro eine ernstzunehmende Rolle als internationale Anlage- und Reservewährung zuwachsen. Gerade für institutionelle Investoren entsteht mit dem Euro eine echte Alternative zum US-Dollar – dies bietet beispielsweise zusätzliches Potential im Emissionsgeschäft oder im Assetmanagement

Auch für uns Banken ist die Einführung der Einheitswährung in Europa sicherlich eines der ehrgeizigsten und aufwendigsten wirtschaftspolitischen Projekte in der zweiten Hälfte dieses Jahrhunderts. Wir werden weiter hart daran arbeiten, sie und uns bestmöglich darauf vorzubereiten.

Fazit

Die Zeit drängt, es gibt viel zu tun. Jede Minute, die verzögert wird, äußert sich in verpaßten Marktchancen.

Horst Herchenröder

Der Euro kommt – der Sozialstaat geht?

Die fehlende soziale Dimension in der Europäischen Wirtschafts- und Währungsunion

Wenn Sie die Wahl hätten, würden drei Viertel der Arbeitnehmerinnen und Arbeitnehmer eine gemeinsame Währung in der EU bzw. künftigen Europäischen Wirtschafts- und Währungsunion (EWWU) ablehnen.

Die Gründe dafür sind sehr differenziert zu betrachten. Angst vor einer neuen Währung, Unwissenheit und Unsicherheiten hinsichtlich der Kriterien für die Umwandlung der nationalen Währungen, aber auch Erfahrungen aus der Vergangenheit mit Währungsreformen stehen sicherlich vielfach im Vordergrund.

Die Gewerkschaften, auch der DGB, haben sich grundsätzlich für eine gemeinsame Währung ausgesprochen. Sie haben allerdings kritisiert, daß in der Europäischen Wirtschafts- und Währungsunion die soziale Dimension fehlt.

Schon das alte Währungssystem EWS sollte durch den Währungsverbund Wechselkurs, Zins und Lohn – als die drei wesentlichen Kriterien – positiv beeinflussen, Wechselkursturbulenzen verhindern und reale, stabile Lohnstückkosten erreichbar machen. Die phasenweisen Schübe von realer D-Mark-Aufwertung – zuletzt 1994 gegenüber dem Dollar fast 22% – haben jedoch Arbeitsplätze abgebaut, und das auf Dauer.

Argumente für und gegen eine Verschiebung der EWU

Je näher der Termin für den Start der Europäischen Währungsunion rückt – der 1. Januar 1999 ist in Aussicht genommen –, desto heftiger und nachdrücklicher werden in der Politik, der Wissenschaft und teilweise auch in Wirtschaftskreisen Argumente für und gegen eine Terminverschiebung gewechselt. Die verschiedenen Argumente werden im folgenden gebündelt und einander gegenübergestellt.

Für eine Verschiebung der Währungsunion plädieren – mit unterschiedlicher Zielsetzung – sowohl Vertreter einer eher nachfrageorientierten Wirtschaftspolitik und als auch solche, die eine Angebotspolitik präferieren.

„Nachfragepolitische" Argumente für eine Verschiebung sind:

- Es entfällt der Spardruck auf die öffentlichen Haushalte, der sich aus den finanzpolitischen Konvergenzkriterien ergibt.
- Es entsteht finanzpolitischer Spielraum für Wachstums- und Beschäftigungsprogramme auf europäischer Ebene.

Von angebotspolitischer Seite wird argumentiert: durch eine Verschiebung entstehe Zeitgewinn für eine punktgenaue Erfüllung auch der finanzpolitischen Kriterien mit Hilfe gegebenenfalls verschärfter Konsolidierungsbemühungen.

Beide Seiten weisen darauf hin, daß eine Verschiebung mehr EU-Mitgliedstaaten ermöglichen würde, von Beginn an bei der Währungsunion mitzumachen. Daß die Ziele, die beide wirtschaftspolitischen Richtungen mit einer Verschiebung verbinden, nicht gleichzeitig erreicht werden können, liegt auf der Hand.

Gegen eine Verschiebung des EWU-Starts sprechen folgende Argumente:

- Der Maastricht-Vertrag enthält bei den finanzpolitischen Kriterien Interpretationsspielräume, die genutzt werden können. So kann das Defizitkriterium „ausnahmsweise und vorübergehend überschritten (werden)", und bei einer tatsächlichen Überschreitung „wird berücksichtigt, ob das Defizit die öffentlichen Ausgaben für Investitionen übertrifft". Damit unterscheidet der Vertrag zwischen konjunkturellen und strukturellen Defiziten.

Die EU-Kommission unterscheidet in ihrem Jahreswirtschaftsbericht 1997 ebenfalls ausdrücklich zwischen konjunkturbedingtem und strukturbedingtem Defizit. Für Deutschland wies der Bericht ein strukturelles Defizit von 2,3 Prozent aus, das deutlich unter dem Drei-Prozent-Kriterium des Vertrages (3,5 Prozent) liegt und auch unter Waigels Defizit-Ziel von 2,9 Prozent.

- Im Mittelpunkt der Währungsunion stehen ab 1. Januar 1999 unverrückbar fixierte Wechselkurse. Mindestens sieben Staaten (Belgien, Deutschland, Frankreich, Irland, Luxemburg, Niederlande und Österreich) erfüllen dieses Wechselkurskriterium bereits seit Jahren und daneben im übrigen auch je die beiden anderen monetären Kriterien Preis- und Zinsstabilität. Sie bilden also bereits seit Jahren eine de facto-Währungsunion, die am 1. Januar 1999 offiziell bestätigt werden könnte. Auf diese Kern-EWU entfällt ein Drittel des deutschen Exports und mit 7.400 Milliarden DM ein größeres Bruttoinlandsprodukt als dasjenige Japans (7.300 Milliarden DM) sowie 75 Prozent des USA-Bruttoinlandsprodukts (10.000 Milliarden DM).

Die Mark würde wieder im Zentrum der Finanzmärkte stehen und damit im Zentrum von Aufwertungsspekulationen mit allen negativen Folgen für unseren Export.

- Die Chancen für einen wachstums- und beschäftigungspolitischen Kurswechsel der Wirtschaftspolitik würden zumindest in Deutschland nicht steigen. Denn die Ausrichtung dieser Politik auf Senkung der Staatsquote, Haushaltskonsolidierung, Deregulierung und ausschließlich stabilitätsorientierte Geldpolitik wurzelt in einem politischen Konzept, das auch ohne Ansteuerung eines EWU-Beitritts weiter bestehen würde. Der beste Beweis für diese These ist die Tatsache, daß die Bundesregierung sich weigert, die Interpretationsspielräume im Maastricht-Vertrag beim Defizit-Kriterium auch nur zu erwähnen, geschweige denn anzuerkennen.

Eine Verschiebung des Starttermins könnte gleichbedeutend sein mit einem zumindest vorläufigen Scheitern der Währungsunion. Die bisher unternommenen großen Konvergenzanstrengungen der EU-Mitgleider waren dann zumindest vorläufig vergeblich. Es ist fraglich, ob sie politisch weiter durchzuhalten wären.

Wenn nicht alle EU-Mitglieder von Anfang an EWU-Mitglieder werden können, dann würde die Einrichtung eines zweiten Europäischen Währungssystems (EWS II) zwischen den Staaten, die von Anfang an EWU-Mitglieder sind, und den übrigen EU-Mitgliedsstaaten, gegenüber einer Verschiebung die bessere Alternative bilden. Die Details für ein solches EWS II sind längst ausgearbeitet.

Dieses System böte den Staaten, die zunächst nicht der Währungsunion angehören, die Möglichkeit, sich einerseits finanz-, währungs- und wirtschaftspolitisch eng daran anzulehnen und andererseits bei extremen Spannungen in eine Wechselkursänderung auszuweichen.

– Innerhalb einer tatsächlich bestehenden Währungsunion (auch Kern-Währungsunion) wird die überdurchschnittlich rigide angebotspolitische Haltung der heutigen Bundesregierung und der Bundesbank eher relativiert als ohne Währungsunion. Das zeigen die bisherigen Verhandlungsprozesse der Regierungskonferenz zur Vorbereitung der gemeinsamen Währung. Und im Europäischen Zentralbankrat hat die Bundesbank letztlich nur eine von 21 Stimmen (15 Stimmen der nationalen Zentralbankpräsidenten zuzüglich sechs Stimmen des ETB-Direktoriums).

  Wenn es stimmt, daß eine Verschiebung des Starttermins die Währungsunion insgesamt gefährdet, dann ist als Alternative zur Einbindung Deutschlands in Europa langfristig ein Rückfall in die einzelstaatliche Bündnispolitik zu befürchten – mit entsprechend unerwünschten Auswirkungen.

Obwohl es also gute Gründe für einen pünktlichen Beginn gibt, findet man in vielen Arbeitnehmervertretungen eine äußerst kritische Haltung gegenüber der Währungsunion. Befürchtet wird: „Der Euro kommt – der Sozialstaat geht".

Das Kernproblem ist der Abbau von Beschäftigung – immer wenn Arbeitsplätze vernichtet werden, klatschen die Börsen durch höhere Dividenden Beifall, die Sparwut der öffentlichen Hand und die Konvergenzkriterien von Maastricht, die keine soziale Dimension erkennen lassen bzw. sie bewußt ausklammern, sind wesentliche Ablehnungsgründe. Sozialer Abbau und die Aufweichung der Arbeitnehmerrechte machen die EWU nicht attraktiv.

Forderungen der Gewerkschaften

Die Verhinderungsstrategie einzelner Staaten gegenüber einer europäischen Beschäftigungspolitik ist es, welche die Gewerkschaften erbost, wenn es um die soziale Dimension in der Währungsunion geht.

Das gilt nicht nur für Deutschland. Die Gewerkschaften in unseren skandinavischen Nachbarländern legen ganz großen Wert auf eine soziale Dimension und auf eine Wirtschafts- und Währungsunion, die sich verpflichtet, für die Menschen in allen Regionen gleichwertige Lebensbedingungen zu schaffen.

Wir haben seinerzeit in Skandinavien, insbesondere Schweden, mit der Formel geworben: „Die derzeitige europäische Vereinigung ist nicht empfehlenswert – aber wir brauchen Euch für die Verwirklichung einer sozialen Dimension in Europa."

Aus den Gewerkschaftsverbänden Skandinaviens kommt mit dem Wunsch nach Gerechtigkeit („Rättvisa") Kritik an der „Diktatur des Marktes" im derzeitigen Europa, mit dem Hinweis, es gehe jetzt um einen „zweiten Kampf um Demokratie".

Der Deutsche Gewerkschaftsbund macht seine zustimmende Haltung zur Europäischen Wirtschafts- und Währungsunion letztlich davon abhängig, wie diese ausgestaltet und umgesetzt wird. Die Erklärung „DGB und EWWU" unterstreicht das mit Forderungen an die Adresse der Bundesregierung. Die erste dieser Forderungen lautet: „Die Bundesregierung muß sich zu einer vertragskonformen Auslegung des Defizitkriteriums bekennen – eine Punktlandung von drei Prozent ist nicht Bedingung für die Teilnahme an der Währungsunion."

Im Vertrag selbst heißt es dazu: Das Defizit dürfe drei Prozent nicht überschreiten, „es sei denn, daß entweder das Verhältnis des öffentlichen Defizits zum Bruttoinlandsprodukt erheblich und laufend zurückgegangen ist und einen Wert in der Nähe des Grenzwertes erreicht hat oder der Referenzwert nur ausnahmsweise und vorübergehend überschritten wird und das Verhältnis in der Nähe des Referenzwertes bleibt."

Eine „Punktlandung von drei Prozent" ist also mitnichten Bedingung für die Teilnahme an der Währungsunion. Für die Gewerkschaften gibt es gute Gründe, an den Wortlaut des Vertrages zu erinnern.

Einen der maßgeblichen Gründe nennt der DGB in seiner Stellungnahme: „Die Bundesregierung muß sich verpflichten, keine weiteren sozialen Einschnitte und Kürzungen von öffentlichen Investitionen vorzunehmen." Er verlangt außerdem von ihr, „sich im Zusammenhang mit der Währungsunion für einige Änderungen des Vertrages" einzusetzen. Konkret lauten die Änderungswünsche:

Die Beschäftigungspolitik und das Beschäftigungsziel müßten im Vertrag eindeutig verankert werden – dazu müsse der von der irischen Ratspräsidentschaft eingebrachte Vorschlag für eine gemeinsame Beschäftigungspolitik mit einigen Verbesserungen in den Vertrag aufgenommen werden. Das Grundrecht auf grenzüberschreitende Koalitionsfreiheit und das Sozialprotokoll müßten Bestandteil des Vertrages werden.

Und schließlich sollte nach Auffassung des DGB die Bundesregierung „zur Förderung von Beschäftigung und Wachstum als kurzfristige Maßnahme über das Zinsverbilligungsprogramm hinaus" folgende Initiativen entwickeln: Eine europaweite Modernisierungsoffensive mit schubladenfertigen Investitionsvorhaben (Vorziehprogramme) und mehr Einbeziehung der öffentlichen Unternehmen (in Deutschland die Post AG, die Telekom AG, die Bahn AG und die kommunale Versorgungswirtschaft).

Die Forderung, auch die öffentlichen Unternehmen in eine Modernisierungsoffensive einzubeziehen, verbindet der DGB in seiner Erklärung ausdrücklich mit dem Hinweis, angesichts eines „Investitionsvolumens dieser Unternehmen von 45 bis 50 Milliarden Mark (in 1996)" müsse ein „Vorziehprogramm in der Größenordnung zwischen zehn und 20 Milliarden Mark möglich" sein. Und: „Diese Kreditfinanzierung wird nicht bei dem Defizitkriterium angerechnet."

Gemeinsam mit dem Europäischen Gewerkschaftsbund fordert der DGB eine klare Verankerung der Beschäftigungspolitik im Vertrag über die Europäische Gemeinschaft.

Enthalten ist diese Forderung in dem „DGB-Positionspapier zur europäischen Beschäftigungspolitik", dessen Kapitel mit den Überschriften „Beschäftigungspolitik muß zu einem zentralen europäischen Politikfeld werden" und „Notwendig ist eine verstärkte Abstimmung der Beschäftigungspolitiken der Mitgliedstaaten auf europäischer Ebene" deutlich machen, worum es geht. Der DGB begrüßt die Initiative von Kommissionspräsident Santer für einen „Vertrauenspakt für Beschäftigung in Europa".

Das Schlußkapitel des Positionspapiers mit der Überschrift „Verankerung der Beschäftigungspolitik im Vertrag über die Europäische Gemeinschaft (EG-Vertrag)" nennt im einzelnen die folgenden Forderungen: „Der Tätigkeitskatalog der Gemeinschaft in Artikel 3 des EG-Vertrages muß erweitert werden um eine koordinierte Politik zur Beschäftigungsförderung." In allen beschäftigungsrelevanten Politikbereichen, wie der Wirtschafts- und Strukturpolitik, der Industrie-, Forschungs-, Technologie- und Umweltpolitik, müsse ein hoher Beschäftigungsstand als Ziel formuliert werden.

„Zugleich müssen in den Vertrag verbindliche Koordinierungsmechanismen und Zielsetzungen für die Beschäftigungspolitik aufgenommen werden, damit die Beschäftigungspolitik das gleiche Gewicht wie die Währungspolitik erhält. Die Gemeinschaft muß sich bei der Koordinierung der Beschäftigungspolitiker von dem Ziel leiten lassen, ein hohes Beschäftigungsniveau zu fördern (Artikel 2 des EG-Vertrages)."

Als „prinzipielle Ansatzpunkte" für die Verwirklichung eines hohen Beschäftigungsstandes sieht der DGB-Bundesvorstand in dem erwähnten Papier, die „Förderung eines qualitativen, nichtinflationären Wachstums", den „Ausbau aktiver, präventiver Arbeitsmarktpolitiken" und „verstärkte Maßnahmen zum Abbau von Langzeitarbeitslosigkeit, unterwertiger Beschäftigung und sozialer Ausgrenzung" an.

Diese Punkte sollten nach Auffassung der Gewerkschaften an geeigneter Stelle in den EG-Vertrag aufgenommen werden, was, so das Psositionspapier dann weiter, außerdem zur Folge haben müßte, daß in Verbindung damit „verbindliche Koordinierungsverfahren" ebenfalls im Vertrag zu regeln wären.

Zu konzipieren wären solche Koordinierungsverfahren als Mechanismus, zu dem auch „multilaterale Kontrollverfahren" mit folgenden Elementen gehören würden: „Festlegung von Leitlinien für die Beschäftigungspolitik auf der Basis der gemeinschaftlichen Zielsetzungen" und „Erarbeitung nationaler Mehrjahres-Programme und gemeinsame Bewertung der erreichten Fortschritte durch die Arbeits- und Sozialminister sowie die Wirtschafts- und Finanzminister".

In diesem Zusammenhang fordert der DGB außerdem, die europäischen Sozialpartner müßten „sowohl an der Festlegung der Leitlinien für die Beschäftigungspolitik" als auch an den Kontrollverfahren beteiligt werden. Das liefe darauf hinaus, die künftige Rolle des in Brüssel arbeitenden „Ständigen Ausschusses für Beschäftigungsfragen" zu überprüfen. Wenn eine europäische Beschäftigungspolitik gelingen soll, ist es nach Meinung des DGB unumgänglich, ein „integriertes Konzept aus Wirtschafts-, Finanz-, Struktur- und Arbeitsmarktpolitik" vorzulegen. Deswegen lehnt er parallele Koordinierungsverfahren der Wirtschafts- und Finanzminister einerseits und Arbeits- und Sozialminister andererseits ab.

Erforderlich ist die Stärkung der europäischen Institutionen, wie Kommission, Parlament und Wirtschafts- und Sozialausschuß, bei der Formulierung und Umsetzung der beschäftigungspolitischen Leitlinien, damit die institutionellen Gegengewichte gegenüber der Europäischen Zentralbank gestärkt werden. Der Ministerrat allein könne „dieses Gegengewicht wegen der nationalen Anbindung der Minister nicht gewährleisten", heißt es in dem Papier.

Werden die europäischen Institutionen gestärkt, so bedeutet das für den DGB nicht, daß eine „Kompetenzerweiterung für die Europäische Union" erforderlich wäre, vielmehr gehe es um eine „stärkere Orientierung bestehender Kompetenzen auf das beschäftigungspolitische Ziel". Dies gelte insbesondere für den Artikel 103 des EG-Vertrages, der die Koordinierung der Wirtschaftspolitik zum Gegenstand hat.

In diesem Artikel müsse „ein verbindlicher Koordinierungsmechanismus für ein unionsweit abgestimmtes fiskalpolitisches Handeln der Mitgliedstaaten eingefügt werden, das sich an den festgelegten Zielen und Leitlinien der Beschäftigungspolitik orientiert". Darüber hinaus „sollte das beschäftigungspolitische Ziel auch in den Artikel 130 zur Industriepolitik, in die Artikel 130ff zur Forschungs- und Technologiepolitik aufgenommen werden".

Die Halbierung der Arbeitslosigkeit, die Forderung nach einem europäischen Beschäftigungspakt unter Beteiligung der Sozialpartner haben zwar nur ergänzenden Charakter, sind aber wegweisend für eine stabile Wirtschafts- und Währungsunion in Europa.

Herbert Müller

Wirtschafts- und Währungsunion: Bleiben die Arbeitnehmer auf der Strecke?

Mit der Einführung des Euro sind viele Ängste verbunden, so etwa um die Stabilität der Währung oder um die Ersparnisse. In letzter Zeit sind vor allem Befürchtungen laut geworden, die Arbeitnehmer müßten mit Arbeitsplatzverlusten für den Euro bezahlen.

Die Frage nach den Beschäftigungseffekten des Euro erlaubt allerdings keine einfache Antwort. Sie ist deswegen nicht möglich, weil kurz- und mittelfristige Wirkungen unterschieden werden müssen und weil auch entscheidend ist, wie die Tarifpolitik auf die Herausforderungen durch die Währungsunion reagiert. Grundsätzlich sind jedoch die Beschäftigungseffekte positiv einzuschätzen. Der europäische Binnenmarkt kann mit einer einheitlichen Währung seine wohlstandssteigernden Wirkungen besser entfalten.

Erstens: Eine gemeinsame Währung wirkt kostensenkend. Kosten, die den Unternehmen durch den Umgang mit verschiedenen Währungen entstehen, also z.B. Umtausch- und Kurssicherungskosten, fallen weg, wenn nur noch in einer Währung gehandelt wird. Diese Kosten sind nicht unbeträchtlich. Das Münchener Ifo-Institut hat in einer Untersuchung für die Europäische Kommission die Kosten der Währungsvielfalt im Binnenmarkt für die vormals zwölf Mitgliedsstaaten geschätzt. Das Ergebnis: Die gemeinsame Währung führt zu einer jährlichen Einsparung von rund 0,8 Prozent des Bruttoinlandsprodukts der Gemeinschaft. Dies entsprach 1995 etwa 48 Milliarden ECU (ca. 90 Mrd. DM). Infolge der geringeren Kosten steigt die Rentabilität wirtschaftlicher Aktivitäten. Unternehmen können mehr investieren. Das wirkt sich positiv auf Wachstum und Beschäftigung aus.

Zweitens: Der Wegfall des Währungsrisikos zwischen den Ländern der Eurozone beeinflußt die Investitionsentscheidungen. In der Vergangenheit stand die DM häufig unter Aufwertungsdruck. Dies hat den Standort Deutschland zusätzlich belastet. Deutsche Unternehmen haben vermehrt Vorleistungen aus Abwertungsländern bezogen oder Investitionen in diese Länder verlagert. Investoren aus dem Ausland fanden Deutschland auch wegen des Aufwertungsdrucks als Standort wenig attraktiv. Die gemeinsame Währung kann somit auch zu einer Verbesserung der Standortbedingungen beitragen – der Euro bremst den Arbeitsplatzexport und fördert den Waren- und Dienstleistungsexport.

Drittens: Die Währungsunion hat den wichtigen Vorteil, daß der Wettbewerb in der EU nicht mehr durch heftige Wechselkursausschläge verzerrt wird. Der Wettbewerb wird fairer. Spekulative Kapitalbewegungen, die nichts mit den Fundamentaldaten der beteiligten Volkswirtschaften zu tun haben, fallen weg. In der Vergangenheit haben heftige Turbulenzen an den Devisenmärkten die Preiswettbewerbsfähigkeit deutscher Unternehmen erheblich verschlechtert. So wertete die DM etwa zwischen April 1994 und April 1995 – also innerhalb eines Jahres – gegenüber der Lira um fast 30 Prozent auf. Damit wurden entweder deutsche Erzeugnisse in Italien entsprechend teurer oder die deutschen Exporteure waren zu Preiszugeständnissen gezwungen. Auch die noch so erfolgreichen Anstrengungen eines Unternehmens um attraktive Produkte oder kostensenkende Produktionsverfahren werden durch solche massiven Änderungen quasi über Nacht zunichte gemacht. In der Währungsunion gehören solche Ausschläge der Vergangenheit an. Dies erhöht die Planungssicherheit für die Unternehmen. Investitionsentscheidungen müssen nicht mehr unter der Unsicherheit über die künftige Wechselkursentwicklung getroffen werden.

Viertens: Eine gemeinsame Währung für die EU-Staaten dürfte auch zu mehr Stabilität gegenüber dem Dollar führen, denn der Euro wird an den Devisenmärkten ein höheres Gewicht aufweisen als die DM. Veränderungen der Nachfrage nach Euro werden daher geringere Währungsschwankungen auslösen. Dies wird ebenfalls dazu beitragen, daß sich in der Währungsunion die Voraussetzungen für Wachstum und Beschäftigung verbessern.

Fünftens: Es darf freilich nicht der Eindruck erweckt werden, daß der Euro automatisch Arbeitsplätze schafft. Damit die Verbesserung der wirtschaftlichen Rahmenbedingungen auch in mehr Beschäftigung umgesetzt wird, müssen die Tarifparteien noch stärker als bisher ihre Rolle in der wirtschaftspolitischen Arbeitsteilung übernehmen. Die Geldpolitik der Europäischen Zentralbank ist auf Stabilitätskurs festgelegt und wird tarifpolitische Fehler nicht korrigieren. Die Finanzpolitik muß nicht nur vor dem Eintritt in die Währungsunion Sparkurs halten, um die Eintrittskriterien zu erfüllen. Auch in der Währungsunion ist fiskalische Disziplin gefordert und vereinbart. Schließlich fällt zwischen den Teilnehmern an der gemeinsamen Währung der Wechselkurs als wirtschaftspolitisches Instrument aus. Andererseits nehmen die Erfolgsaussichten der Lohnpolitik zu, wenn sie sich am vorhandenen Verteilungsspielraum orientiert. Denn die Vorteile einer moderaten Tarifpolitik für den heimischen Arbeitsmarkt werden nicht mehr durch Währungsaufwertungen aufgezehrt. Eine zurückhaltende Lohnpolitik verbessert also unmittelbar die Wettbewerbsfähigkeit eines Standortes und wirkt sich damit positiv auf die Beschäftigung aus.

Sechstens: Es wird immer wieder davor gewarnt, daß die Sparanstrengungen zur Erfüllung der Konvergenzkriterien mit negativen Wirkungen für Wachstum und Beschäftigung verbunden sind. Tatsächlich gibt es Berechnungen, die dies zeigen. Diese Berechnungen zeigen aber auch, daß auf mittlere und längere Sicht die positiven Effekte überwiegen. So hat die Bayerische Vereinsbank in einer aktualisierten Simulationsrechnung allein für Deutschland die kumulierten Wohlfahrtseffekte über den Zeitraum 1996 bis 2005 auf mehr als 200 Mrd. DM veranschlagt. Kurzfristig kommt es zwar zu Wachstumseinbußen, diese negativen Effekte werden jedoch nach Einführung der gemeinsamen Währung mehr als ausgeglichen: In den Jahren nach 1999 ist das jährliche Bruttoinlandsprodukt höher als es ohne Währungsunion der Fall wäre.

Es wäre freilich unfair, wenn man die Sparanstrengungen in den öffentlichen Haushalten vieler EU-Länder ausschließlich auf dem Konto der Wirtschafts- und Währungsunion verbuchen wolle. Die nachhaltige Rückführung der Defizite in den öffentlichen Haushalten wäre vielmehr auch ohne Maastricht erforderlich geworden. Viele Staaten haben in der Vergangenheit eine unseriöse Verschuldungspolitik betrieben, die die Zinslasten immer mehr ansteigen ließ. Dadurch wird der Spielraum für die öffentlichen Haushalte eingeengt: Geld, das für Zinsen gezahlt werden muß, steht nicht mehr für wachstumsfördernde Investitionen zur Verfügung. Eine Korrektur der Staatsverschuldung wäre daher auch unabhängig von den Maastricht-Kriterien erforderlich gewesen. Der Verschiebung finanzieller Lasten auf zukünftige Generationen muß ein Ende gesetzt werden.

Die Sorgen, daß die Arbeitnehmer beim Euro auf der Strecke bleiben, sind unbegründet. Die Wirtschafts- und Währungsunion ist keine Veranstaltung zu Lasten der Arbeitnehmer. Eine gemeinsame Währung in der Europäischen Union hilft, Kosten zu sparen, steigert die Produktivität und macht mehr Investitionen rentabel. Dies wirkt sich positiv auf das Wachstum und die Beschäftigung aus, wenn die Tarifpolitik ihrer neuen Herausforderung gerecht wird.

Es ist vielmehr dafür Sorge zu tragen, daß die Währungsunion pünktlich beginnen kann und nicht verschoben werden muß, weil zu wenig Länder die Konvergenzbedingungen erfüllen. Denn bei der vielfach diskutierten Verschiebung besteht die Gefahr, daß am Ende der Euro auf der Strecke bleibt. Dann hätten alle Opfer gebracht, ohne den Nutzen in Form von mehr Arbeitsplätzen zu haben.

Heinz-Werner Arens

Das Projekt Europa: Nicht nur eine Frage des Geldes

Der Euro schafft nicht die Probleme

Vorweg eine Antwort auf eine mir nicht gestellte Frage, nämlich warum soviel über das Geld und sowenig über Europa geredet wird: Die politische Auseinandersetzung um das Europäische Geld halte ich in Deutschland großenteils für ein Ablenkungsmanöver von eigenen Politikdefiziten.

Das kann ich auch als Landtagspräsident so freiweg sagen, denn das gilt für alle Parteien.

Glücklicherweise lesen immer mehr den Maastrichter Vertrag und lassen sich nicht von denjenigen ins Bockshorn jagen, die behaupten, die Kriterien für die Währungsunion ließen sich nicht interpretieren und müßten punktgenau erfüllt werden. Stattdessen ist in Artikel 104c nachzulesen: „... es sei denn, daß das Verhältnis (zwischen Defizit und BIP) erheblich oder laufend zurückgegangen ist ... oder daß der Referenzwert (d.h. die 3%-Grenze) nur ausnahmsweise und vorübergehend überschritten wird .... Der Rat entscheidet mit qualifizierter Mehrheit ... nach Prüfung der Gesamtlage, ob ein übermäßiges Defizit besteht."

Wenn vor einiger Zeit der deutsche Finanzminister drohte, die Sozialleistungen weiter kürzen zu müssen, um die Maastricht-Kriterien zu erfüllen, dann sucht man in der Währungsunion einen Sündenbock für eigene finanz-, wirtschafts- und sozialpolitische Probleme.

Und wer behauptet, die politische, wirtschaftliche und soziale Integration sei noch nicht weit genug vorangeschritten,

- verschweigt die Versäumnisse der Regierungen im Umgang mit dem EU-Weißbuch Jacques Delors' „Wettbewerb, Wachstum und Beschäftigung",
- verschweigt, daß die Währungsunion ein Eckpfeiler für die weitere Integration und die Verhinderung der Währungsunion die Degeneration der EU zur bloßen Freihandelszone ist, und
- verschweigt, daß die nationalen Regierungen die Kraftanstrengungen und ihren Crash-Kurs zur Erfüllung der Kriterien sich nur einmal leisten werden und eine Verschiebung einer Aufgabe des Ziels gleichkäme.

Nein, der Euro schafft nicht die Probleme. Aber wer im Zeitalter eines verschärften internationalen Wettbewerbes und der vielzitierten Globalisierung politisch handlungsfähig sein will,

- wer beschäftigungspolitisch wirksam sein will,
- wer soziale Standards nicht ins Bodenlose absinken lassen will,
- wer die grenzüberschreitenden Umweltprobleme lösen will, und dazu gibt es doch überhaupt keine vernünftige Alternative,

der kommt um die Vertiefung der Europäischen Politik nicht herum – und diese kommt nur mit dem Euro, nur mit der Währungs-Union.

„Je höher der Grad der Wirtschaftsintegration, desto mehr steht bei Rückfällen in den Nationalismus auf dem Spiel, und desto größer ist daher das Bedürfnis nach der Absicherung durch politische Integration."

Dies hat kein geringerer als Bundespräsident Roman Herzog gesagt, und dem kann man nur beipflichten.

Es wäre also klarzustellen, daß diejenigen, die gegen den Euro argumentieren, sich fragen lassen müssen, was ihr wirkliches Interesse ist. Wollen sie von eigenen Fehlern ablenken oder sich schon prophylaktisch aus der Verantwortung stehlen vor Schwierigkeiten und Problemen eines historisch unausweichlichen Projektes? Daß es Probleme geben wird, kann niemand ernsthaft bestreiten.

Aber Probleme sind Herausforderungen, denen wir uns stellen müssen.

Ich halte die Währungsunion und den Euro – wenn auch für schwierig und schmerzhaft – für notwendig und unausweichlich für das gemeinsame Projekt Europa.

Deswegen ist es richtig, über das Geld zu reden und über die Währungsunion aufzuklären. Deswegen muß aber auch klargestellt werden: Europa ist nicht allein eine Frage des Geldes.

Nicht nur eine Frage des Geldes – aber was ist Europa dann?

Auch nach der Wahl in England entbehrt es nicht einer gewissen Pikanterie, zur Beantwortung dieser Frage auf einen großen englischen Staatsmann zurückzugreifen, der sagte:

> „Wenn Europa eines Tages vereint wäre in der Teilhaberschaft an seinem gemeinsamen Erbe, dann wäre seinen drei- oder vierhundert Millionen Menschen unendliches Glück, Wohlstand und Ruhm beschieden. Und doch war es Europa, von dem die schreckliche ... Serie nationalistischer Fehden ausging, die selbst in diesem 20. Jahrhundert den Frieden zerstört und die Zukunft der ganzen Menschheit in Frage gestellt hat. ... Und dennoch gibt es ein Mittel, das, wenn es überall und spontan angewandt würde, wie durch ein Wunder alles verändern und ganz Europa, oder doch seinen größten Teil, so frei und glücklich machen

würde, wie heute die Schweiz. Was ist dieses souveräne Mittel? Wir müssen eine Art Vereinigte Staaten von Europa bauen."

Dieses Zitat stammt von keinem geringeren als Winston Churchill unmittelbar nach dem Ende des Zweiten Weltkrieges aus seiner Rede 1946 in Zürich. Es war eine historische Rede, von der auch heute – nach über fünf Jahrzehnten – keine Abstriche zu machen sind, die aber leider viele aus dem Blick verloren haben. Europa, das ist nach den schlimmsten Erfahrungen nationaler kriegerischer Auseinandersetzungen in den letzten Jahrhunderten und nach zwei in ihrer Zerstörungskraft bis dahin undenkbaren Weltkriegen vor allem ein Projekt der Versöhnung und des Friedens.

Ein Projekt, das auch nach dem Ende des Kalten Krieges noch nicht abgeschlossen ist: Das immense wirtschaftliche und soziale Gefälle zwischen Westen und Osten, aufkommende Nationalismen, wie sie im ehemaligen Jugoslawien mit ihren schlimmsten Auswüchsen mitten in Europa zum Ausbruch gekommen sind, aber auch politische und sicherheitspolitische Unsicherheiten im Verhältnis zu Rußland: Sie vergegenwärtigen uns, daß auch heute die Europäische Integration ein Projekt des Friedens ist.

Diese Integration weiter voranzutreiben und unumkehrbar zu machen, dieses ist insbesondere für uns Deutsche eine Verpflichtung vor der Geschichte. Wer aus verständlichen wirtschaftswissenschaftlichen und finanztechnischen Bedenken heraus die Probleme der Währungsunion in den Vordergrund stellt, der darf nie vergessen, daß die Europäische Integration keine akademische Frage ist, sondern eine zutiefst politische vor dem Hintergrund Europas kriegerischer Geschichte.

Schleswig-Hostein in Europa

Das Projekt „Europa" hat für Schleswig-Holstein neben der Brüsseler noch eine zweite Dimension: Der Ostseeraum oder das „Mare Balticum", wie es durch Björn Engholm noch vor dem Fall der Mauer auf die politische Tagesordnung gerufen wurde.

Hier vor unserer Tür findet sich alles, was mit dem „Projekt Europa" zu verbinden ist: Einst der blühende Handel zu Zeiten der Hanse. Die schrecklichen kriegerischen Auseinandersetzungen wie im Dreißigjährigen Krieg bis hin zu den deutsch-dänischen Kriegen im vergangenen Jahrhundert, die von Deutschland ausgehenden beiden Weltkriege, in die wir unsere Nachbarn hineingezogen haben und gegen die sie geführt wurden. Der Ost-West-Konflikt und der Eiserne Vorhang, der den Ostseeraum spaltete. Die Jahrzehnte des die Entwicklung hemmenden, ja lähmenden Nebeneinander von zwei verschiedenen Gesellschafts- und Wirtschaftssystemen.

Heute entwickelt sich eine Region mit einem immensen, noch ungenutzten Entwicklungspotential, an dem alle Länder partizipieren werden.

Heute werden die traditionellen und kulturellen Verbindungen wiederbelebt.

Heute gibt es wieder eine Ostseekooperation von Parlamenten, Regierungen, Wirtschaft, Wissenschaft, Verbänden und Organisationen, über deren Ausmaß kaum einer einen Überblick hat und von dem noch vor zehn Jahren niemand zu träumen gewagt hätte.

Heute bestehen aber auch riesige Unterschiede in der politischen, wirtschaftlichen und sozialen Entwicklung. Das immense wirtschaftliche und soziale Gefälle ist eine gewaltige Herausforderung für uns alle. Sind wir nicht in der Lage, trotz unserer hausgemachten und durch die deutsche Einheit entstandenen Schwierigkeiten auch hier Transferleistungen zu erbringen, so verpassen wir nicht nur Entwicklungsmöglichkeiten für das nächste Jahrhundert, wir gefährden unsere weitere friedliche Entwicklung. Treffend hat es der tschechische Präsident Vaclav Havel gesagt:

> „Wenn wir den Osten nicht stabilisieren, destabilisiert der Osten uns."

Es liegt an uns, unsere Zukunft zu gestalten oder zu verspielen. Unsere Zukunft ist die weitere Integration in Europa, in der Europäischen Union.

Soviel ist aber auch klar: Die weitere Integration in Europa, die Erweiterung der EU, sie wird nur gelingen wenn wir die EU auch reformieren. Die Alternative der 80er Jahre, Erweiterung oder Vertiefung, stellt sich so nicht mehr. *Beides* wird sein müssen – oder wir werden keines von beidem erreichen. Eine Erweiterung ohne innere strukturelle Reformen wird die EU zerreißen.

Deswegen wird das Projekt Europa nur gelingen, wenn es gelingt, einen sozialen Ausgleich in Europa, zwischen Süd und Nord, zwischen Ost und West zu bewältigen. Hierzu sind nicht nur neue Verteilungsstrukturen erforderlich. Wer sich die Auswirkungen der deutschen Einheit auf die öffentlichen und privaten Haushalte der Bundesrepublik vor Augen führt, wird eine vage Vorstellung von den anstehenden gewaltigen Herausforderungen für die EU nach der Osterweiterung haben.

Aber Bangemachen gilt nicht: Wir können vor diesen Aufgaben nicht weglaufen, sie stehen vor der Tür. Also stellen wir uns ihnen!

Europäische Kultur und Identität

Europa als Frage der Wirtschaftsunion und des sozialen Ausgleiches? Das ist als Grundlage für seine Entwicklung zu wenig. Das ist auf Dauer auch nicht tragfähig. Das widerstrebt letztendlich auch seinem Ursprung und seinen Quellen, denen es entspringt.

Bei allen Mentalitätsunterschieden, die begründet oder als Klischee zwischen Franzosen und Engländern, Italienern und Deutschen, Schweden und Spaniern festgestellt werden, gibt es ein gemeinsames kulturelles europäisches Erbe der Literatur, der Architektur, der Künste und Kultur und der Aufklärung. Und niemand kann leugnen, daß es bei aller Vielfalt und trotz unterschiedlicher historischer Nutzbarmachung eine gemeinsame kulturelle Identität gibt, entstanden aus christlichen und philosophischen Quellen,

- aus der wechselseitigen Beeinflussung,
- aus der gemeinsam erlebten Geschichte,
- aus dem Bekenntnis zu einer offenen demokratischen Gesellschaft.

Das ist europäische Kultur und Identität. Auch das ist Europa.

Und auch hier liegt die Chance in der Vielfalt und Einheit.

Jean-Paul Satre schrieb 1949: „Es handelt sich also darum, zu begreifen, daß die kulturelle Einheit Europas als einzige fähig ist, in ihrem Schoße die Kulturen eines jeden Landes, in dem, was diese Kulturen an gültigen Werten besitzen, zu retten."

Ich füge aber auch kritisch hinzu: Wenn die Entwicklung und Stabilisierung Europas existentiell bedeutsam für die Europäer ist, und davon bin ich überzeugt, dann sind auch die Kulturschaffenden, die Intellektuellen aufgefordert, sich in den Aufbau Europas mehr als bisher einzubringen. Zu lange haben sie geschwiegen. Einer der wenigen, die immer mahnend ihre Stimme erhoben haben und sich in den Prozeß einschalteten, ist der Franzose Andre Glucksmann. Seine These eines gemeinsamen Nenners für Europa ist umstritten, häufig allerdings auch böswillig mißverstanden worden. Er warnt vor idealisierenden Vorstellungen, vor Werten, die sich bestenfalls für Sonntagsreden eignen. Stattdessen weist er darauf hin, daß die Europäer ihre großen Gemeinsamkeiten in durchlebten und durchlittenen Katastrophen haben. Dies eint sie, wenn sie diese geschichtliche Dimension nicht in Trauer kultivieren, sondern sie als Mahnung zum Anlaß nehmen,

- sich dem Leben, der Entwicklung, dem Aufbau zuzuwenden,
- sich den Herausforderungen zu stellen, und das heißt,
- sich am Aufbau Europas auch mit ethischen Zielsetzungen zu beteiligen.

Ein Europa der Regionen

Abschließend möchte ich noch eine letzte nicht gestellte Frage – nämlich: Ist *Europa alles?* – beantworten. Es ist natürlich – wie die vorherigen Fragen auch – eine rhetorische Frage. Denn nicht allein aufgrund meines Amtes als Präsident des Schleswig-Holsteinischen Landtages bestreite ich entschieden, daß *Europa alles* sein könnte.

Es gibt eine regionale Identität. Natürlich gibt es auch eine regionale Identität Europas, die nicht nur aufgrund der relativen Nähe für Reiselustige von Bedeutung ist. Und unbestritten ist auch, ich habe es eingangs betont, daß zur Lösung ökologischer Probleme, für die Bewältigung wirtschaftlicher und sozialer Fragen usw. Europa die zukünftige Handlungsebene sein wird. In Zeiten des internationalen, ja weltweiten Wettbewerbs und der vielzitierten Globalisierung lassen sich die Herausforderungen nicht mehr auf nationaler Ebene bestehen.

Aber ich bin der Überzeugung, daß die Regionen als zweite Handlungsebene zunehmend an Bedeutung gewinnen werden. Europa wird ohne regionale Identitäten, ohne kulturelle, sprachliche und gemeinschaftliche enge Bezüge nicht auskommen. Sie müssen für die Menschen unmittelbar erfahrbar sein. Aus den Regionen heraus entsteht eine politische, eine demokratische Kraft und gesellschaftliche Solidarität. Hier kann man eigene Erfahrungen sammeln, sie einbringen und selbst mitentscheiden. Hier entsteht sozialer Gemeinsinn, nicht als Alibi einer entsolidarisierten Gesellschaft, sondern als emanzipatorische Kraft und für den gesellschaftlichen Zusammenhalt. Aus konkreten Bezügen heraus entstehen technische Innovationen und unterschiedliche wirtschaftliche Entwicklungen, die sich in der Konkurrenz bewähren.

Mir ist auch bekannt, daß die föderalen Strukturen in Europa höchst unterschiedlich sind. Ich bin weit davon entfernt anzunehmen, daß der bundesdeutsche Föderalismus für alle anderen Nationen segensreich ist.

Das „Europa der Regionen“, das ich meine, schafft keine neuen administrativen Grenzen, es sieht seine Zukunft in der grenzüberschreitenden Zusammenarbeit. Es nutzt die spezifischen regionalen Entwicklungspotentiale und die regionalen Synergien, ohne in einen neuen Provinzialismus zu verfallen. Europäische Regionen der Zukunft orientieren sich nicht an Ländergrenzen, sondern an Bedürfnissen und Beziehungen wie in den bekannten Euregios oder der zukünftigen Großregion Ostseeraum mit seiner Geschichte, Tradition und vielfältigen eigenständigen und gemeinsamen Kulturen.

Ich habe versucht, deutlich zu machen, warum Europa mehr als nur eine Frage des Geldes ist, auch wenn die Frage des Geldes immer eine zentrale war und in den nächsten Jahren auch eine Schlüsselrolle einnehmen wird. Ohne Zweifel! Aber wichtig, ja wichtiger ist, und dies ist eine Aufgabe für uns alle, daß deutlich wird – und zwar deutlicher als es heute in der öffentlichen Auseinandersetzung gemacht wird –, daß genauso wie das Geld kein Selbstzweck ist, die Währungsunion nur ein, allerdings unverzichtbarer Weg zum gemeinsamen Ziel eines friedlichen und handlungsfähigen Europa ist – und damit alternativlos für die Gestaltung unserer Zukunft.

Autoren und Herausgeber

Heinz-Werner Arens, Lehrer, Sonderschuldirektor, Präsident des Schleswig-Holsteinischen Landtages.

Hans Duggen, Dozent für Organisation und Personalwirtschaft an der Verwaltungsfachhochschule Altenholz.

Thomas Elsenbroich, Dipl.-Volkswirt, Dozent für Betriebswirtschaftslehre an der Verwaltungsfachhochschule Altenholz.

Horst Herchenröder, Vorsitzender des Kreisverbandes Kiel und der Region KERN des Deutschen Gewerkschaftsbundes.

Dieter Kilian, Berufssoldat, Oberst i.G., Wehrbereichskommando I, Kiel.

Herbert Müller, Dipl.-Ingenieur, Dr. ing., Geschäftsführer, Danfoss Compressors GmbH, Flensburg, Vorsitzender von Gesamtmetall Norddeutschland.

Jürgen Pratje, Dipl.-Volkswirt, Dr. rer.pol., Dr. iur., Präsident des Bundes der Steuerzahler Schleswig-Holstein e.V.

Dietrich Rümker, Dipl.-Volkswirt, Dr. rer.pol., Vorsitzender des Vorstandes der Landesbank Schleswig-Holstein, Kiel.

Klaus-Werner Schatz, Dipl.-Volkswirt, Dr. rer.pol., Professor für Volkswirtschaftslehre am Institut für Weltwirtschaft, Kiel.

Günther Schnorrenberg, Dipl.-Volkswirt, Dr. sc.pol., Dozent für Volkswirtschaftslehre und Leiter des Fachbereichs Allgemeine Verwaltung an der Verwaltungsfachhochschule Altenholz.

Göttrik Wewer, Dipl.-Politologe, Dr. phil., Direktor der Verwaltungsfachhochschule Altenholz.

Francis Woehrling, Volkswirt, Dr. rer.pol., Berater der Generaldirektion für Wirtschaft und Finanzen der Europäischen Kommission, Brüssel.

GPSR Compliance

The European Union's (EU) General Product Safety Regulation (GPSR) is a set of rules that requires consumer products to be safe and our obligations to ensure this.

If you have any concerns about our products, you can contact us on ProductSafety@springernature.com

In case Publisher is established outside the EU, the EU authorized representative is:

Springer Nature Customer Service Center GmbH
Europaplatz 3
69115 Heidelberg, Germany

Batch number: 10809466

Printed by Printforce, the Netherlands